NTT

https://group.ntt

NTTグループは、ICTを活用してSDGsに取り
持続可能な社会の実現に貢献していきます。

NTT × SDGs ⊃ F

JN081401

すべての人に、
新しい未来を。
ICTが支えていく。

USTAINABLE
EVELOPMENT G**○**ALS
世界を変えるための**17**の目標

一般社団法人　日本クラウド産業協会(ASPIC)
（クラウドサービス情報開示認定機関）会長　河合　輝欣
1999 年設立し、23 年、会員数 659

URL　https://www.aspicjapan.org　　E-mail　office@aspicjapan.org

〒141-0031 東京都品川区西五反田 7-3-1 たつみビル　TEL 03-6662-6591　　FAX 03-6662-6347

1.「クラウドサービスの安全性・信頼性に係る情報開示認定制度」の運営

（認定取得サービスが３００サービス突破、AI クラウドサービス新設）

情報開示認定制度はクラウドサービス事業者が安全・信頼性にかかる情報を適切に開示しているサービスを認定する制度で、ASPIC が認定機関として運営しています。

認定されたサービスは認定サイトに公表され、これによりクラウド利用者はサービスの比較、評価、選択が可能となります。

2008 年より運用を開始し、累計 303 のクラウドサービスが認定を取得しています。

詳細は、URL：https://www.aspicjapan.org/nintei

以下 8 つの制度を総称して、情報開示認定制度といいます。

ASP・SaaS　　　　　　　　　　　IoT　　　　　IaaS PaaS　　DC

2．クラウドサービス紹介サイト「アスピック」の運営

クラウドサービス紹介サイト「アスピック」は、クラウドサービス事業者が自社サービスの特徴、優れた機能の情報を掲載します。これにより、クラウド利用者はサービスの比較、評価、選択が可能となります。2019 年 4 月より運用を開始し、５７０サービスを掲載しています。

 ASPIC公式サービス
アスピック

詳細は、
URL：https://www.aspicjapan.org/asu

3．IoT・AI・クラウドアワードにより優良なサービスを表彰

クラウドサービスの認知度向上のため、優秀なクラウドサービスを表彰して、クラウド事業者の認知度向上等事業推進に貢献しています。　2006 年から、毎年開催し、今年で 16 回目となります。

最優秀サービスには「総務大臣賞」が授与されます。

4．会員企業のビジネス支援活動

(1) IoT、AI、セキュリティ、新技術等 13 分野のクラウド研究会を開催（年間 20 回開催）

　　どこでも参加できるようにオンラインセミナーで開催しています。

(2) 会員企業にクラウドトピックス、ASPIC レポート、官公庁等調達情報等の情報を会員企業に年間 100 回以上、提供しています。

2023年版

総務省名鑑

時評社

官庁名鑑 WEB サービス　無料トライアルについての
詳細は、目次最終ページ（Ⅸ）をご覧ください。

目　次

自治税務局

国際戦略局

情報流通行政局

総合通信基盤局

統計局

政策統括官

サイバーセキュリティ統括官

事務局等

施設等機関・特別の機関

地方管区行政評価局

地方総合通信局

消防庁

資　　料

（※ 総務省の現状が一目でわかるデータ，グラフ満載)

●本 省

総務事務次官
Ministry of Internal Affairs and
Communications Vice-Minister

山 下 哲 夫（やました てつお）

昭和36年7月4日生. 東京都出身.
国立筑波大学附属高校, 東京大学法学部

平成16年7月	総務省行政評価局評価監視官（独立行政法人第二等担当）
平成17年12月	内閣官房内閣参事官（行政改革推進事務局）
平成18年7月	総務省行政管理局管理官（法務・農水等）（内閣・総務・財務等）
平成21年7月	総務省行政管理局行政情報システム企画課長
平成21年10月	内閣府行政刷新会議事務局参事官
平成23年3月	平成23年（2011年）東北地方太平洋沖地震緊急災害対策本部被災者生活支援チーム事務局参事官
平成23年7月	総務省行政管理局企画調整課長
平成25年6月	総務省大臣官房参事官
平成26年7月	内閣官房内閣審議官（内閣官房副長官補付）命 内閣官房行政改革推進本部事務局次長
平成28年6月	総務省行政管理局長
平成30年7月	内閣官房内閣審議官（内閣官房副長官補付）命 内閣官房行政改革推進本部事務局長
令和元年7月	内閣官房内閣人事局人事政策統括官
令和3年7月	総務審議官（行政制度）
令和4年6月	総務事務次官

総務審議官（自治行政）
Vice-Minister for Policy Coordination

内 藤 尚 志（ないとう　ひさし）

昭和36年11月1日生.　長野県出身.
ラ・サール高校，東京大学法学部

昭和59年4月	自治省入省（財政局交付税課 兼 大臣官房総務課）
昭和59年7月	宮城県地方課、財政課
昭和61年4月	自治省税務局固定資産税課、財政局公営企業第一課企画係長
平成元年7月	姫路市財務部長
平成3年7月	国土庁地方振興局総務課過疎対策室課長補佐
平成5年7月	高知県財政課長
平成7年4月	自治省税務局固定資産税課課長補佐
平成9年7月	自治省財政局財政課課長補佐
平成10年7月	自治省大臣官房総務課課長補佐（大臣秘書官事務取扱）
平成11年1月	自治省行政局公務員課課長補佐
平成11年8月	自治省税務局企画課理事官
平成12年4月	自治省大臣官房総務課理事官
平成12年7月	自治省大臣官房総務課理事官（大臣秘書官事務取扱）
平成13年1月	総務省大臣官房秘書課課長補佐
平成13年7月	さいたま市助役
平成17年7月	総務省大臣官房企画官（内閣官房内閣参事官（内閣官房副長官補付）併任）
平成18年4月	内閣官房内閣参事官（内閣官房副長官補付）
平成19年7月	総務省自治財政局交付税課長
平成21年7月	総務省自治税務局市町村税課長、都道府県税課長
平成23年5月	総務省自治財政局調整課長
平成25年6月	総務省自治財政局財政課長
平成27年7月	総務省大臣官房審議官（財政制度・財務担当）
平成28年6月	内閣官房内閣審議官（内閣官房副長官補付）
平成29年7月	総務省自治税務局長
令和元年7月	総務省自治財政局長
令和3年7月	総務省消防庁長官
令和4年6月	総務審議官（自治行政）

総務審議官（郵政・通信）
Vice-Minister for Policy Coordination

竹 内 芳 明（たけうち　よしあき）
昭和37年3月27日生. 香川県出身.

昭和60年4月	郵政省入省
平成10年6月	郵政省東北電気通信監理局総務部長
平成11年7月	郵政省電気通信局電波部衛星移動通信課次世代航空通信システム開発室長
平成13年7月	総務省情報通信政策局宇宙通信調査室長
平成15年8月	総務省情報通信政策局研究推進室長
平成18年7月	総務省情報通信政策局宇宙通信政策課長
平成19年7月	総務省総合通信基盤局電気通信事業部電気通信技術システム課長
平成20年7月	総務省総合通信基盤局電波部移動通信課長
平成22年7月	総務省情報通信国際戦略局技術政策課長
平成23年7月	総務省総合通信基盤局電波部電波政策課長
平成26年7月	総務省東北総合通信局長
平成27年7月	経済産業省大臣官房審議官（ＩＴ戦略担当）
平成29年7月	総務省総合通信基盤局電波部長
平成30年7月	総務省サイバーセキュリティ統括官
令和2年7月	総務省総合通信基盤局長
令和3年7月	総務審議官（郵政・通信）

趣味　マラソン，夏山，ソフトボール，バドミントン

総務審議官（国際）
Vice-Minister for Policy Coordination

吉 田 博 史（よしだ ひろし）
昭和38年11月3日生．東京都出身．

昭和62年4月　郵政省入省
平成19年7月　総務省情報通信政策局地上放送課長
平成20年7月　総務省情報流通行政局地上放送課長
平成24年8月　総務省総合通信基盤局電気通信事業部事業政策課長
平成27年7月　総務省大臣官房参事官（秘書課担当）
平成28年6月　総務省情報通信国際戦略局参事官
平成29年7月　経済産業省大臣官房審議官（ＩＴ戦略担当）
令和元年7月　総務省大臣官房審議官（情報流通行政局担当）
令和2年7月　総務省大臣官房総括審議官（広報、政策企画（主））（併）
　　　　　　　電気通信紛争処理委員会事務局長
令和3年2月　総務省情報流通行政局長 併任 大臣官房総括審議官（広
　　　　　　　報、政策企画（主））（併）電気通信紛争処理委員会事務
　　　　　　　局長
令和3年7月　総務省情報流通行政局長
令和4年6月　総務審議官（国際）

総務省大臣官房長
Director-General Minister's Secretariat

今 川 拓 郎（いまがわ　たくお）

昭和41年4月生．静岡県出身．
静岡県立清水東高校，東京大学教養学部，
東京大学大学院広域科学専攻，ハーバード大学（経済学博士）

平成 2 年 4 月　郵政省入省
平成 5 年 7 月　米国留学
平成12年 7 月　大阪大学大学院国際公共政策研究科助教授
平成17年 8 月　総務省総合通信基盤局事業政策課市場評価企画官
平成19年 7 月　総務省情報通信政策局総合政策課調査官
平成20年 7 月　総務省情報通信国際戦略局情報通信経済室長
平成21年 7 月　総務省情報流通行政局地上放送課企画官
平成24年 8 月　総務省情報流通行政局地域通信振興課長
平成27年 7 月　総務省情報流通行政局情報流通振興課長
平成29年 9 月　総務省情報流通行政局情報通信政策課長
令和元年 7 月　総務省総合通信基盤局総務課長
令和 2 年 7 月　総務省総合通信基盤局電気通信事業部長
令和 3 年 7 月　総務省情報流通行政局郵政行政部長
令和 4 年 6 月　総務省大臣官房長

総務省大臣官房総括審議官（選挙制度、政策企画（副）担当）

山　野　　　謙（やまの　けん）

昭和41年3月26日生．宮崎県出身．
東京大学法学部

平成元年4月	自治省入省（税務局固定資産税課 兼 大臣官房総務課）
平成元年7月	京都府総務部地方課
平成2年6月	衆議院法制局第一部第二課
平成3年4月	自治大学校
平成4年4月	自治省大臣官房総務課（兼）財政局地方債課
平成5年4月	自治省財政局地方債課
平成6年4月	新潟県行政情報室長
平成8年4月	新潟県情報政策課長
平成10年4月	新潟県財政課長
平成12年4月	自治省大臣官房総務課課長補佐
平成12年6月	国土庁大都市圏整備局総務課課長補佐
平成13年1月	国土交通省都市・地域整備局企画課課長補佐
平成13年4月	青森県企画振興部次長
平成14年9月	総務省自治財政局地方債課課長補佐
平成15年7月	鳥取県米子市助役
平成17年4月	総務省自治財政局財政制度調整官
平成18年8月	公営企業金融公庫経理部資金課長
平成20年10月	地方公営企業等金融機構経営企画部企画課長
平成21年4月	福岡県総務部長
平成25年7月	内閣官房副長官補付内閣参事官（併）行政改革推進本部国家公務員制度改革事務局参事官
平成26年7月	総務省行政管理局管理官（併）内閣官房内閣参事官（内閣人事局）
平成27年7月	地方公共団体金融機構経営企画部長
平成29年7月	総務省大臣官房総務課長
平成30年7月	内閣官房副長官補付内閣審議官（併）内閣府本府地方分権改革推進室次長
令和元年7月	大阪府副知事
令和3年7月	総務省大臣官房総括審議官（新型コロナウイルス感染症対策、政策企画（副）担当）
令和4年6月	総務省大臣官房総括審議官（選挙制度、政策企画（副）担当）

**総務省大臣官房総括審議官（新型コロナウイル
ス感染症対策、政策企画（主）担当）**
Director-General for Policy Coordination

山 越 伸 子 （やまこし　のぶこ）

昭和42年12月31日生．東京都出身．
東京大学経済学部

平成 2 年 4 月	自治省入省
平成13年 4 月	千葉県船橋市福祉局長
平成15年 4 月	千葉県船橋市健康福祉局長
平成15年 7 月	総務省自治財政局公営企業課 兼 地域企業経営企画室
平成17年 8 月	経済産業省貿易経済協力局貿易管理部原産地証明室長
平成18年 8 月	総務省自治行政局公務員部定員給与調査官
平成20年 4 月	東京都オリンピック招致本部参事（国際招致担当）
平成21年 7 月	東京都知事本局参事（調査担当）
平成22年 7 月	東京都環境局環境改善部長
平成23年 8 月	総務省自治行政局国際室長
平成25年 4 月	総務省自治行政局過疎対策室長
平成26年 7 月	総務省消防庁消防・救急課長
平成28年 6 月	総務省自治行政局地域自立応援課長
平成29年 7 月	総務省自治財政局財務調査課長
平成30年 7 月	総務省自治財政局公営企業課長
令和 2 年 7 月	総務省自治行政局公務員部長
令和 4 年 6 月	総務省大臣官房総括審議官（新型コロナウイルス感染症対策、政策企画（主）担当）

総務省大臣官房総括審議官（情報通信担当）

鈴　木　信　也（すずき　しんや）

昭和40年 4 月16日生．千葉県出身．
私立開成高校，東京大学法学部

平成元年 4 月	郵政省入省
平成13年 7 月	総務省郵政事業庁総務部人事課課長補佐
平成15年 4 月	青森県企画振興部次長
平成16年 4 月	青森県企画政策理事
平成17年 4 月	総務省郵政行政局郵便企画課国際企画室長
平成17年 8 月	総務省郵政行政局総務課総合企画室長
平成19年10月	総務省大臣官房秘書課調査官
平成21年 7 月	総務省総合通信基盤局電波部基幹通信課長（併）消防庁国民保護・防災部参事官
平成22年 7 月	総務省総合通信基盤局電気通信事業部消費者行政課長
平成23年 9 月	人事院人材局交流派遣専門員
平成25年 7 月	総務省情報流通行政局衛星・地域放送課長
平成28年 6 月	総務省情報流通行政局放送政策課長（併）情報通信国際戦略局参事官（通信・放送総合戦略担当）
平成29年 7 月	総務省情報流通行政局総務課長
平成30年 7 月	総務省大臣官房参事官（秘書課担当）
令和 2 年 7 月	総務省総合通信基盤局電波部長
令和 3 年 7 月	総務省大臣官房総括審議官（広報、政策企画（主））（併）電気通信紛争処理委員会事務局長
令和 4 年 6 月	総務省大臣官房総括審議官（情報通信担当）

総務省大臣官房政策立案総括審議官 併任 公文書監理官
Director-General for Evidence-based
Policymaking (, Chief Record Officer)

武 藤 真 郷（むとう　まさと）

昭和41年7月11日生．熊本県出身．
熊本県立熊本高校，東京大学法学部

平成3年4月	総理府入府
平成18年7月	総務省人事・恩給局企画官
平成20年8月	総務省行政評価局総務課企画官
平成20年9月	総務省行政管理局企画調整課企画官
平成21年8月	総務省行政管理局企画調整課行政手続・制度調査室長
平成22年2月	内閣府特命担当大臣（行政刷新）秘書官
平成23年6月	内閣総理大臣補佐官付
平成23年9月	内閣府特命担当大臣（行政刷新）秘書官
平成24年1月	総務省行政評価局評価監視官（独立行政法人第一）（併）行政管理局（内閣・内閣府・総務・財務・金融等）
平成24年9月	総務省行政管理局管理官（内閣・内閣府・総務・財務・金融等）
平成25年3月	（併）内閣府規制改革推進室参事官
平成25年6月	総務省行政管理局管理官（内閣・内閣府・総務・財務・金融等）
平成26年5月	内閣官房内閣参事官（内閣人事局）
平成26年7月	内閣官房内閣参事官（内閣総務官室）命 内閣官房皇室典範改正準備室参事官 併任 内閣官房内閣人事局（幹部人事一元管理総括）
平成28年6月	総務省行政評価局政策評価課長
平成29年1月	併任 行政評価局評価監視官
平成29年7月	内閣官房内閣参事官（内閣人事局）
平成30年7月	総務省行政管理局企画調整課長 併任 内閣府本府地方分権改革推進室参事官
令和元年7月	総務省大臣官房秘書課長 命 人事管理官
令和3年7月	総務省大臣官房審議官（行政評価局担当）
令和4年8月	総務省大臣官房政策立案総括審議官 併任 公文書監理官

総務省大臣官房審議官（大臣官房調整部門、行政管理局担当）併任 行政不服審査会事務局長

河 合 　 暁（かわい　あきら）

昭和42年2月24日生．新潟県出身．
新潟県立新潟高校，東京大学法学部第Ⅰ類学科

平成2年4月	総理府入府
平成9年7月	総務庁統計局統計基準部統計企画課課長補佐
平成11年4月	山梨県総務部私学文書課長
平成17年8月	総務省統計局統計調査部経済統計課調査官 併任 政策統括官付統計企画管理官付調査官
平成19年7月	総務省自治行政局合併推進課行政体制整備室長
平成20年7月	総務省統計審査官 併 政策統括官付統計企画管理官付 併 内閣府大臣官房統計委員会担当参事官
平成21年7月	総務省大臣官房付 併任 地方分権改革推進委員会事務局参事官 併任 内閣府本府地方分権改革推進室参事官
平成21年12月	総務省大臣官房付 併任 内閣府本府地域主権戦略室参事官
平成23年7月	総務省行政評価局評価監視官（特命担当）併任 年金記録確認中央第三者委員会事務室　首席主任調査員
平成24年8月	総務省行政評価局評価監視官（農水、環境、防衛担当）併任 年金記録確認中央第三者委員会事務室首席主任調査員
平成25年6月	総務省公害等調整委員会事務局総務課長
平成27年7月	総務省大臣官房参事官　併：大臣官房総務課管理室長
平成28年6月	総務省大臣官房政策評価広報課長
平成29年7月	総務省情報公開・個人情報保護審査会事務局総務課長
令和2年7月	日本下水道事業団監査室長
令和3年8月	総務省九州管区行政評価局長
令和4年6月	総務省大臣官房審議官（大臣官房調整部門、行政管理局担当）併任 行政不服審査会事務局長

総務省大臣官房秘書課長 命 人事管理官

中 井　　亨 (なかい　とおる)

昭和44年7月18日生. 京都府出身.
京都大学法学部

平成5年4月	総理府入府
平成20年7月	総務省大臣官房秘書課長補佐 兼 秘書課人事専門官
平成22年9月	総務省大臣官房付 命 大臣秘書官事務取扱
平成23年1月	総務省人事・恩給局総務課企画官
平成25年6月	内閣官房副長官補付内閣参事官
平成27年7月	総務省行政評価局企画課長 併：内閣官房行政改革推進本部事務局参事官（〜平成27年9月）
平成28年6月	総務省行政管理局管理官（厚生労働・文部科学・宮内等）併：内閣官房内閣参事官（内閣人事局）
平成29年7月	内閣官房内閣参事官（内閣人事局）
平成30年7月	内閣官房内閣参事官（内閣総務官室）
令和2年7月	内閣官房内閣参事官（内閣人事局）
令和4年6月	総務省大臣官房秘書課長 命 人事管理官

総務省大臣官房参事官（秘書課担当）

風　早　正　毅（かざはや　まさたか）

昭和47年 8 月11日生．大阪府出身．
東京大学法学部

平成 7 年 4 月　自治省入省
平成17年 4 月　岡山市企画局長
平成18年 4 月　総務省自治税務局都道府県税課課長補佐
平成20年 7 月　京都府総務部財政課長
平成22年 8 月　総務省自治税務局企画課理事官
平成23年 5 月　総務省大臣官房秘書課課長補佐
平成25年 4 月　岩手県環境生活部長
平成27年 4 月　岩手県総務部長
平成29年 4 月　総務省自治行政局地域政策課国際室長
令和元年 4 月　内閣官房内閣参事官（内閣総務官室）
令和 3 年 8 月　総務省自治税務局固定資産税課長
令和 4 年 6 月　総務省大臣官房参事官（秘書課担当）

総務省大臣官房参事官（秘書課担当）

柴 山 佳 徳 （しばやま　よしのり）

昭和46年10月20日生．神奈川県出身．
京都大学経済学部

平成 7 年 4 月	郵政省入省
平成20年 7 月	総務省情報通信国際戦略局情報通信政策課課長補佐
平成21年 4 月	岐阜県総合企画部次長
平成24年 7 月	総務省大臣官房秘書課長補佐
平成25年 7 月	総務省総合通信基盤局電気通信事業部事業政策課調査官
平成27年 7 月	総務省情報通信国際戦略局情報通信政策課調査官
平成28年 6 月	内閣官房内閣参事官（内閣広報室）併任 内閣官房副長官補付
令和元年 7 月	総務省国際戦略局国際協力課長
令和 3 年 7 月	総務省総合通信基盤局電気通信事業部データ通信課長
令和 4 年 6 月	総務省大臣官房参事官（秘書課担当）

総務省大臣官房総務課長

福　田　　　毅（ふくだ　つよし）

昭和44年6月29日生. 広島県出身.
東京大学法学部

平成5年4月	自治省入省
平成20年7月	総務省自治行政局行政課理事官
平成21年4月	総務省大臣官房秘書課課長補佐
平成22年11月	総務省自治行政局選挙部選挙課企画官 併任
平成23年5月	茨城県総務部次長 兼 行財政改革・地方分権推進室長
平成24年4月	茨城県総務部長
平成26年7月	総務省自治行政局市町村課行政経営支援室長
平成28年6月	内閣官房内閣参事官（内閣官房副長官補付）命 内閣官房情報通信技術（ＩＴ）総合戦略室室員 命 内閣官房社会保障改革担当室参事官
平成30年7月	総務省自治財政局調整課長
令和元年7月	総務省自治税務局固定資産税課長
令和2年7月	内閣官房内閣参事官（内閣総務官室）命 内閣官房皇室典範改正準備室参事官 併任 内閣人事局
令和4年6月	総務省大臣官房総務課長

大臣官房

総務省大臣官房参事官 併任 総務課公文書監理室長

黒　田　忠　司 （くろだ　ただし）

昭和46年11月15日生．三重県出身．
京都大学法学部

平成 7 年 4 月	総務庁入庁
平成26年 7 月	船橋市副市長
平成28年 7 月	総務省行政管理局管理官（独法評価総括）
平成29年 7 月	総務省行政管理局管理官（政府情報システム基盤、行政情報システム総括）併任 行政管理局行政情報システム企画課
令和元年 8 月	併任 内閣官房副長官補付 命 内閣官房情報通信技術（IT）総合戦略室参事官
令和 2 年 7 月	総務省行政評価局評価監視官（復興、国土交通担当）
令和 4 年 6 月	総務省大臣官房参事官 併任 総務課公文書監理室長

総務省大臣官房参事官 併任 総務課管理室長
Counselor of Minister's Secretariat (Management Office)

加　藤　　　剛（かとう　たけし）

昭和46年3月8日生. 奈良県出身.
京都大学法学部

平成8年4月	総務庁入庁
平成25年7月	国家公務員制度改革推進本部事務局企画官
平成26年5月	内閣府情報公開・個人情報保護審査会事務局総務課調査官
平成26年8月	総務省行政管理局企画調整課企画官
平成28年6月	総務省行政管理局管理官（行政通則法）
平成29年7月	総務省行政管理局管理官（厚生労働・文部科学・宮内等）
	併任 内閣官房内閣参事官（内閣人事局）
平成31年1月	総務省行政管理局業務改革研究官
令和元年7月	総務省公害等調整委員会事務局審査官
令和4年6月	総務省大臣官房参事官 併任 総務課管理室長

総務省大臣官房参事官 併任 企画課政策室長

島 田 勝 則 (しまだ　かつのり)

昭和47年7月18日生．埼玉県出身．
東京大学法学部

平成7年4月	自治省入省
平成16年7月	奈良県総務部行政経営課長
平成18年4月	奈良県総務部財政課長
平成20年4月	総務省自治行政局公務員部公務員課給与能率推進室課長補佐
平成22年4月	総務省自治行政局市町村体制整備課理事官
平成23年5月	大分県総務部審議監
平成24年7月	兼 生活環境部審議監（〜12月）
平成25年4月	大分県総務部長
平成29年7月	総務省大臣官房参事官 兼 自治財政局財政課復興特別交付税室長
平成30年4月	内閣官房副長官補付参事官 兼 内閣官房まち・ひと・しごと創生本部事務局参事官 兼 内閣府地方創生推進室参事官 兼 地方創生推進事務局参事官（地域再生担当）
令和2年8月	内閣府政策統括官（防災担当）付参事官（災害緊急事態対処担当）
令和4年8月	総務省大臣官房参事官 併任 企画課政策室長

総務省大臣官房参事官

大　西　一　禎 （おおにし　かずよし）

昭和39年7月19日生．香川県出身．
立教大学法学部

昭和63年4月	総務庁入庁
平成27年4月	総務省行政管理局調査官 併任 行政情報システム企画課
令和2年4月	総務省行政管理局行政情報システム企画課情報システム管理室長
令和3年7月	総務省大臣官房参事官 併任 行政管理局管理官 併任 行政情報システム企画課情報システム管理室長
令和3年9月	総務省大臣官房参事官 併任 行政管理局管理官

総務省大臣官房会計課長 併：予算執行調査室長

赤 阪 晋 介 （あかさか　しんすけ）

昭和46年 5 月28日生．東京都出身．
東京大学経済学部

平成 6 年 4 月	郵政省入省
平成24年 7 月	総務省情報通信国際戦略局情報通信政策課調査官
平成26年 1 月	総務省情報流通行政局情報流通振興課情報セキュリティ対策室長
平成27年 8 月	東武鉄道株式会社（交流派遣）
平成29年 7 月	総務省情報流通行政局情報流通振興課企画官
平成30年 7 月	総務省サイバーセキュリティ統括官付参事官（政策担当）
令和 2 年 7 月	個人情報保護委員会事務局参事官
令和 4 年 6 月	総務省大臣官房会計課長 併：予算執行調査室長

総務省大臣官房企画課長

大　村　真　一（おおむら　しんいち）
東京大学法学部

平成 4 年 4 月　郵政省入省
平成20年 7 月　総務省総合通信基盤局電気通信事業部消費者行政課企画官
平成23年 7 月　総務省総合通信基盤局電気通信事業部料金サービス課企画官
平成24年 9 月　内閣法制局参事官（第三部）
平成29年 7 月　総務省総合通信基盤局電気通信事業部消費者行政第二課長
平成30年 7 月　総務省総合通信基盤局電気通信事業部料金サービス課長
令和 2 年 7 月　総務省総合通信基盤局電気通信事業部事業政策課長
令和 3 年 7 月　総務省情報流通行政局情報通信政策課長
令和 4 年 6 月　総務省大臣官房企画課長

総務省大臣官房政策評価広報課長 併任 政策立案支援室長
Director, Policy Evaluation and Public Relations Division, Minister's Secretariat

原 嶋 清 次 （はらしま　きよつぐ）

昭和44年1月1日生．東京都出身．
早稲田大学教育学部

平成5年4月	総務庁入庁　平成18年7月　内閣法制局第一部参事官補
平成21年7月	行政改革推進本部事務局企画官　平成23年4月　内閣官房被災地復興に関する法案等準備室企画官　平成23年7月　総務省行政評価局調査官　平成24年9月　総務省行政評価局総務課企画官
平成25年6月	総務省大臣官房企画課企画官 兼 情報システム室長
平成26年4月	公害等調整委員会事務局審査官
平成28年6月	総務省行政評価局評価監視官（財務、文部科学等担当）
平成29年7月	総務省行政評価局行政相談課長
平成29年10月	総務省行政評価局行政相談企画課長
令和元年7月	総務省大臣官房参事官 併任 総務課公文書監理室長 併任 公害等調整委員会事務局 併任 消防庁長官付
令和2年7月	総務省行政評価局企画課長
令和3年7月	総務省行政評価局総務課長
令和4年6月	総務省大臣官房政策評価広報課長 併任 政策立案支援室長

総務省大臣官房広報室長
Director of the Public Relations Office

君 塚 明 宏 （きみづか　あきひろ）

昭和50年6月20日生．千葉県出身．
千葉県立長生高校，東京大学経済学部

平成12年4月	自治省入省
平成25年4月	総務省自治財政局地方債課長補佐
平成27年4月	総務省自治財政局調整課課長補佐
平成27年7月	総務省自治財政局調整課理事官
平成29年7月	総務省自治財政局財政課財政企画官
平成30年4月	高知県総務部長
令和2年12月	総務省自治行政局公務員部応援派遣室長
令和3年7月	総務省大臣官房広報室長

総務省行政管理局長
Director-General of Administrative Management Bureau

稲　山　文　男（いなやま　ふみお）

昭和38年6月18日生. 長野県出身.
長野県立野沢北高校, 一橋大学法学部

昭和62年4月	総務庁入庁
平成15年4月	総務省人事・恩給局総務課企画官
平成16年8月	内閣官房行政改革推進事務局企画官
平成18年8月	総務省人事・恩給局公務員高齢対策課長
平成18年10月	総務省人事・恩給局公務員高齢対策課長 併：内閣官房内閣参事官（内閣官房副長官補付）命 内閣官房行政改革推進室参事官 併：行政改革推進本部事務局局員
平成19年7月	総務省大臣官房参事官 併：内閣官房内閣参事官（内閣官房副長官補付）命 内閣官房行政改革推進室参事官 併：行政改革推進本部事務局局員
平成20年7月	総務省人事・恩給局人事政策課長 併：人事・恩給局（労働・国際担当）
平成21年12月	総務省人事・恩給局参事官 併：内閣官房内閣参事官（内閣官房副長官補付）命 内閣官房行政改革推進室参事官 併：国家公務員制度改革推進本部事務局参事官
平成25年6月	総務省人事・恩給局総務課長
平成26年5月	内閣官房内閣参事官（内閣人事局）
平成27年7月	総務省東北管区行政評価局長
平成28年6月	内閣官房内閣審議官（内閣人事局）
平成31年4月	内閣府官民人材交流センター官民人材交流副センター長 併：内閣官房内閣審議官（内閣人事局）
令和2年7月	内閣官房内閣審議官（内閣官房副長官補付）命 内閣官房行政改革推進本部事務局長
令和4年6月	総務省行政管理局長

総務省行政管理局業務改革特別研究官

澤　田　稔　一（さわだ　としかず）
昭和34年3月13日生. 高知県出身.
岡山大学理学部

昭和56年4月　行政管理庁入庁
平成22年4月　総務省行政管理局行政情報システム企画課情報システム
　　　　　　　企画官
平成23年7月　総務省行政管理局行政情報システム企画課情報システム
　　　　　　　管理室長
平成25年4月　総務省大臣官房付　併：内閣官房内閣参事官（内閣官房副
　　　　　　　長官補付）命 情報通信技術（IT）総合戦略室参事官
平成26年8月　命 内閣官房人事給与業務効率化検討室長
平成28年6月　総務省行政管理局行政情報システム企画課長　併：内閣官
　　　　　　　房内閣参事官（内閣官房副長官補付）命 内閣官房情報通
　　　　　　　信技術（IT）総合戦略室参事官　兼命 内閣官房人事給
　　　　　　　与業務効率化検討室長
平成29年7月　総務省大臣官房サイバーセキュリティ・情報化審議官
平成30年7月　総務省行政管理局電子政府特別研究官
令和3年9月　総務省行政管理局業務改革特別研究官

総務省行政管理局企画調整課長
Director of the Planning and Coordination Division

佐 藤 紀 明（さとう　のりあき）

昭和44年5月13日生．秋田県出身．
秋田県立秋田高等学校，東北大学法学部

平成5年4月　総理府入府　平成11年7月　経済企画庁国民生活局国民生活調査課課長補佐　平成13年1月　内閣府政策統括官（経済財政―経済社会システム）付参事官（市場システム）付参事官補佐　平成13年4月　併任　内閣府本府総合規制改革会議事務室室長補佐　平成14年8月　総務省行政管理局情報公開推進室副管理官　平成16年7月　総務省自治行政局地域振興課課長補佐　併任　総務省自治行政局地域振興課過疎対策室課長補佐　平成19年4月　総務省自治行政局自治政策課国際室課長補佐　平成19年8月　総務省行政評価局総務課課長補佐　平成20年4月　行政改革推進本部事務局企画官　平成21年7月　総務省大臣官房企画官（大臣官房総務課管理室・特別基金事業推進室担当）平成23年10月　併任　総務省大臣官房企画課企画官　併任　総務省大臣官房企画課情報システム室長　平成24年7月　総務省大臣官房参事官（大臣官房総務課管理室・特別基金事業推進室担当）　平成25年6月　復興庁統括官付参事官　平成27年9月　内閣官房内閣参事官（内閣人事局）　平成29年7月　独立行政法人統計センター経営審議室長　平成31年1月　独立行政法人統計センター総務部長　令和元年7月　総務省統計局統計調査部調査企画課長　令和2年7月　併任　統計情報利用推進課長　令和3年7月　総務省統計企画管理官（政策統括官付）　令和4年7月　総務省行政管理局企画調整課長

総務省行政管理局調査法制課長

総務省行政管理局管理官（特殊法人総括・独法制度総括、外務）
Director for Management

佐　藤　隆　夫 (さとう　たかお)

令和4年7月　内閣官房内閣参事官（内閣人事局）併任 総務省行政管理
　　　　　　　局管理官（特殊法人総括・独法制度総括、外務）

総務省行政管理局管理官（独法評価総括）
Director for Management

方　　　健　児 (かた　けんじ)

昭和39年10月18日生．富山県出身．A型
富山県立高岡高等学校，金沢大学法学部

昭和63年4月　総務庁入庁
平成19年4月　総務省行政管理局企画調整課特殊法人等専門官 併任 副
　　　　　　　管理官
平成21年4月　総務省行政評価局評価監視調査官
平成23年4月　総務省大臣官房会計課課長補佐 併任 予算執行調査室室員
平成25年4月　総務省行政評価局評価手法開発専門官
平成26年5月　総務省行政評価局評価監視調査官 併任 行政管理局副管
　　　　　　　理官
平成27年4月　総務省行政評価局総務課企画官 併任 行政管理局
平成28年6月　総務省行政管理局調査官
平成29年7月　総務省行政管理局企画官
令和3年4月　総務省大臣官房会計課企画官 併任 庁舎管理室長 併任 予
　　　　　　　算執行調査室室員
令和3年7月　総務省行政管理局管理官（独法評価総括）

総務省行政管理局管理官（内閣（復興庁を除く）・内閣府本府・個人情報保護委員会・金融・こども家庭・総務・公調委・財務）
Director for Management

越 尾　　淳（こしお　あつし）

昭和49年3月10日生．東京都出身．
宮城県仙台第一高校，中央大学法学部

平成9年4月　総務庁入庁　平成21年7月　総務省行政管理局企画調整課長補佐　平成21年10月　総務省行政評価局評価監視調査官 兼 内閣官房内閣総務官室（法案準備室）参事官補佐　平成23年7月　総務省人事・恩給局総務課長補佐　平成24年12月　兼 内閣府大臣官房国務大臣秘書官事務取扱　平成26年5月　内閣官房内閣人事局 兼 内閣府大臣官房国務大臣秘書官事務取扱　平成26年9月　総務省政策統括官付統計企画管理官付企画官 兼 大臣官房秘書課長補佐 兼 大臣官房秘書課人事専門官　平成27年8月　内閣官房内閣人事局企画官（総括等担当）　平成29年7月　内閣官房内閣参事官（内閣官房副長官補付）命 内閣官房行政改革推進本部事務局参事官 命 内閣官房統計改革推進室参事官　令和元年7月　総務省行政評価局政策評価課長　令和2年7月　内閣官房内閣参事官（内閣人事局）　令和4年6月　総務省行政管理局管理官（内閣（復興庁を除く）・内閣府本府・個人情報保護委員会・金融・こども家庭・総務・公調委・財務）

主要著書　大橋弘（編）『ＥＢＰＭの経済学』（東京大学出版会）

総務省行政管理局管理官（消費者・経済産業・環境・国公委・法務等）

五百籏頭　千奈美（いおきべ　ちなみ）

広島女学院高校，慶應義塾大学法学部

平成9年4月	労働省入省
平成27年10月	厚生労働省職業安定局派遣・有期労働対策部企画課若年者雇用対策室長
平成28年6月	厚生労働省大臣官房総務課企画官 兼 内閣官房東京五輪・パラリンピック競技大会推進本部事務局企画官
平成30年7月	厚生労働省労働基準局監督課調査官（労働関係法課 併任）
平成31年4月	厚生労働省労働基準局賃金課長
令和2年8月	厚生労働省職業安定局高齢者雇用対策課長
令和3年9月	ハーバード大学ウェザーヘッド国際問題研究所
令和4年6月	内閣官房内閣参事官（内閣人事局）併任 総務省行政管理局管理官（消費者・経済産業・環境・国公委・法務等）

総務省行政管理局管理官（文科・農水・防衛・公取委等）
Director for Management

平 沢 克 俊 （ひらさわ　かつとし）

昭和49年生．長野県出身．
東京大学

平成10年 4 月	自治省入省
平成26年 4 月	総務省自治行政局地域自立応援課理事官 併任 地域政策課地域の元気創造推進室 併任 地域自立応援課人材力活性化・連携交流室理事官
平成28年 4 月	静岡市財政局長
平成31年 4 月	総務省大臣官房企画官 併任 大臣官房参事官 併任 自治財政局財政課復興特別交付税室長
令和 2 年 4 月	総務省情報公開・個人情報保護審査会事務局審査官
令和 3 年 7 月	総務省行政管理局管理官（文科・農水・防衛・公取委等）併任 内閣官房内閣参事官（内閣人事局）

総務省行政管理局管理官（国土交通・復興・カジノ管理委員会等）
Director for Management

若 林 伸 佳 （わかばやし　のぶよし）

昭和51年 5 月13日生．滋賀県出身．A型
私立洛南高校，東京大学法学部

平成12年 4 月	通商産業省機械情報産業局総務課
平成26年 6 月	日本貿易振興機構（バンコク事務所）
平成28年 6 月	経済産業省製造産業局参事官室（政策企画委員）
平成29年 7 月	経済産業省大臣官房政策評価広報課広報室長
令和元年 7 月	経済産業省産業技術環境局環境政策課長
令和元年10月	経済産業大臣秘書官（事務取扱）
令和 3 年10月	経済産業省経済産業政策局産業資金課長（併）投資機構室長
令和 4 年 7 月	内閣官房内閣参事官（内閣人事局）併任 総務省行政管理局管理官（国土交通・復興・カジノ管理委員会等）

■行政管理局　　　　　　　　Administrative Management Bureau

総務省行政管理局管理官（厚生労働・宮内等）
Director for Management

辻　　恭　介（つじ　きょうすけ）

昭和51年9月6日生. 埼玉県出身.
東京大学法学部

平成11年4月　総理府・総務庁合同採用（総務庁行政管理局（情報）管理官付）　平成12年7月　総務庁大臣官房総務課調整第一係　平成13年4月　総務省行政管理局主査（行政改革担当）　平成15年4月　総務省行政管理局企画調整課企画調整係長　平成17年8月　留学（米・ジョージタウン大院）　平成19年4月　総務省人事・恩給局参事官補佐（管理・運用担当）　平成19年8月　内閣官房行政改革推進事務局参事官補佐（公務員制度改革担当）　平成20年8月　内閣官房公務員制度改革推進事務局参事官補佐（総括）　平成21年7月　総務省行政管理局行政情報システム企画課課長補佐（総括）　平成23年3月　内閣府被災者支援チーム参事官補佐（総括）　平成23年7月　財務省主計局調査課課長補佐　平成24年8月　財務省主計局主査（経済協力2）　平成25年6月　総務省人事・恩給局総務課課長補佐（総括・文書審査）　平成26年5月　内閣人事局参事官補佐（総括・文書審査）　平成27年8月　総務省秘書課企画官　平成29年7月　内閣人事局企画官（総括）　令和元年8月　船橋市副市長
令和4年7月　総務省行政管理局管理官（厚生労働・宮内等）

趣味　ピアノの演奏

新型コロナウイルス感染症対策関連経費の状況

歳出額 25.6兆円	（財源内訳）
（主な事業）	国庫支出金 20.1兆円
・特別定額給付金 12.8兆円	・特別定額給付金給付事業費補助金
・制度融資等の貸付金 4.8兆円	・地方創生臨時交付金
・営業時間短縮等に係る協力金 1.0兆円	・緊急包括支援交付金 等
・生活福祉資金貸付事業 1.0兆円	地方債 0.3兆円
・病床確保支援事業 0.8兆円	その他の収入（貸付金元利収入等） 4.5兆円
・医療従事者等への慰労金 0.6兆円 等	一般財源 0.7兆円

総務省行政評価局長

清　水　正　博（しみず　まさひろ）

昭和39年5月31日生．福岡県出身．
早稲田大学政治経済学部政治学科

昭和63年4月	総理府入府
平成7年8月	内閣官房副長官付秘書官
平成9年8月	総理府大臣官房広報室企画・連絡第1担当参事官補
平成11年9月	総務庁行政監察局企画調整課長補佐
平成13年4月	総務省行政評価局総括評価監視調査官
平成14年7月	総務省大臣官房総務課課長補佐
平成16年4月	総務省行政評価局総務課企画官
平成17年10月	総務省大臣官房付 命 大臣秘書官事務取扱
平成18年10月	総務省行政評価局評価監視官（独立行政法人第二、特殊法人等担当）
平成20年7月	総務省人事・恩給局参事官（任用・交流担当）（併：内閣官房内閣参事官（内閣官房副長官補付）命 内閣官房行政改革推進室参事官
平成22年1月	内閣府公益認定等委員会事務局総務課長 併任 内閣府大臣官房公益法人行政担当室参事官 併任 内閣府本府行政刷新会議事務局
平成24年9月	総務省行政評価局政策評価官
平成26年5月	総務省行政評価局政策評価課長
平成26年7月	総務省大臣官房参事官（総務課担当）
平成27年7月	総務省行政評価局評価監視官（財務、経済産業等担当）
平成28年6月	総務省行政評価局総務課長
平成29年7月	内閣府官民人材交流センター審議官 併任 内閣官房内閣審議官（内閣人事局）
平成31年4月	内閣官房内閣審議官（内閣人事局）
令和元年7月	総務省近畿管区行政評価局長
令和2年8月	内閣府公益認定等委員会事務局長 併任 内閣府大臣官房公益法人行政担当室長
令和3年7月	総務省行政評価局長

総務省大臣官房審議官（行政評価局担当）

砂 山　　裕（すなやま　ゆたか）

昭和45年 3 月14日生．群馬県出身．
早稲田大学法学部，米ハーバード大学公共政策修士

平成 4 年 4 月	総理府・総務庁採用
平成13年 1 月	総務省行政評価局評価監視調査官（政策評価官室）
平成13年 7 月	併任 行政評価局総務課
平成14年 7 月	併任 行政評価局総務課政策評価審議室
平成14年10月	総務省行政評価局総務課政策評価審議室課長補佐
平成15年 1 月	総務省行政評価局総務課課長補佐
平成15年 7 月	財務省主計局調査課課長補佐
平成16年 7 月	財務省主計局主計官補佐（文部科学第五係主査）
平成17年 7 月	総務省行政評価局評価監視調査官（独立行政法人評価担当）
平成17年 8 月	総務省行政評価局総括評価監視調査官（独立行政法人評価担当）
平成19年 8 月	総務省大臣官房秘書課課長補佐 併任 人事専門官
平成20年 7 月	総務省人事・恩給局総務課企画官
平成21年 9 月	総務省行政管理局調査官 併任 内閣官房 命 国務大臣秘書官事務取扱
平成23年 9 月	総務省行政評価局評価監視官（国土交通担当）
平成24年 7 月	外務省在ジュネーブ国際機関日本政府代表部参事官
平成27年 8 月	内閣官房内閣参事官（内閣人事局）（併）総務省行政管理局管理官（内閣・内閣府・総務・公調委・金融・財務等）
平成29年 7 月	総務省行政評価局評価監視官（総務、環境、行政運営効率化等担当）
平成30年 7 月	総務省行政評価局政策評価課長
令和元年 7 月	総務省行政評価局行政相談企画課長
令和 2 年 7 月	総務省行政評価局総務課長
令和 3 年 7 月	総務省大臣官房秘書課長 命 人事管理官
令和 4 年 7 月	総務省大臣官房審議官（行政評価局担当）

主要論文　「国の行政機関におけるEBPMの取組実例の研究－現状と課題
－」（日本評価学会『日本評価研究』第20巻第 2 号、2020年）

総務省大臣官房審議官（行政評価局担当）併任
財務省大臣官房審議官（大臣官房担当）

平 池 栄 一（ひらいけ えいいち）

昭和41年12月 2 日生．鳥取県出身．
鳥取県立米子東高校，東京大学法学部

平成 3 年 4 月	総務庁入庁
平成19年 7 月	総務省人事・恩給局総務課企画官
平成20年 8 月	内閣官房茂木国務大臣秘書官事務取扱
平成20年 9 月	内閣官房甘利国務大臣秘書官事務取扱
平成21年 9 月	総務省人事・恩給局総務課企画官
平成22年 1 月	総務省行政評価局評価監視官（独立行政法人第二、特殊法人等担当）
平成23年 7 月	総務省行政管理局管理官（内閣・内閣府・総務・財務・金融等）
平成24年 1 月	内閣官房行政改革実行本部事務局参事官
平成25年 6 月	総務省行政管理局管理官（外務・防衛・農林水産等）
平成26年 5 月	内閣官房内閣参事官（内閣人事局）（併）総務省行政管理局管理官（内閣・内閣府・総務・財務・金融等）
平成27年 8 月	併任解除
平成29年 7 月	内閣官房内閣参事官（内閣人事局）併任 内閣府本府地方分権改革推進室参事官
令和 2 年 7 月	総務省統計研究研修所長
令和 3 年 7 月	総務省大臣官房審議官（行政評価局担当）併任 財務省大臣官房審議官（大臣官房担当）

総務省行政評価局総務課長

大　槻　大　輔（おおつき　だいすけ）

昭和44年10月27日生．京都府出身．
東京大学文学部

平成 5 年 4 月	総務庁入庁
平成18年 1 月	総務省行政評価局総括評価監視調査官
平成20年 7 月	千葉県山武市副市長
平成22年 7 月	総務省自治行政管理局企画調整課行政手続・制度調査室長
平成24年 9 月	総務省自治行政局地域自立応援課人材力活性化・連携交流室長
平成26年 7 月	総務省行政管理局管理官（行政通則法）
平成28年 6 月	内閣府参事官（市場システム担当）（政策統括官（経済社会システム担当）付）併任 内閣府本府規制改革推進室参事官
平成29年 7 月	総務省行政評価局政策評価課長
平成30年 7 月	総務省行政評価局評価監視官（内閣、総務等担当）
令和元年 8 月	総務省公害等調整委員会事務局総務課長 命公害等調整委員会事務局人事管理官
令和 2 年 7 月	総務省行政評価局行政相談企画課長
令和 4 年 7 月	総務省行政評価局総務課長

総務省行政評価局企画課長

辻　　　寛　起（つじ　ひろおき）

昭和47年 8 月 7 日生．奈良県出身．
東大寺学園，東京大学法学部

平成 9 年 4 月	総務庁入庁
平成19年 4 月	内閣府地方分権改革推進委員会事務局参事官補佐
平成21年 7 月	財務省主計局調査課長補佐
平成22年 7 月	財務省主計局主計官補佐（経済協力第二係）
平成23年 7 月	総務省行政管理局副管理官
平成25年 6 月	総務省行政管理局企画官
平成26年 5 月	内閣官房内閣人事局企画官
平成27年 7 月	総務省行政管理局企画調整課企画官
平成28年 8 月	内閣官房内閣人事局企画官
平成29年 8 月	総務大臣秘書官事務取扱
平成30年10月	総務省行政管理局企画調整課企画官
平成31年 1 月	総務省行政管理局管理官（独法評価総括）
令和 2 年 7 月	総務省行政評価局政策評価課長
令和 4 年 6 月	総務省行政評価局企画課長

総務省行政評価局政策評価課長
Director for Evaluation and Inspection

髙 角 健 志（たかつの　たけし）

昭和46年1月6日生．福岡県出身．
東京大学法学部

平成6年4月	総務庁入省
平成21年7月	総務省行政管理局行政情報システム企画課情報システム企画官
平成22年1月	総務省人事・恩給局企画官
平成23年7月	内閣府公益認定等委員会事務局審査監督官（兼）公益法人行政担当室企画官
平成25年6月	内閣府公益認定等委員会事務局企画官
平成26年7月	内閣府地方分権改革推進室参事官
平成28年6月	経済産業省産業技術環境局リサイクル推進課長
平成30年7月	総務省行政評価局評価監視官（連携調査、環境等担当）
令和元年7月	内閣官房内閣参事官（内閣官房副長官補付）命 内閣官房行政改革推進本部事務局参事官 命 内閣官房統計改革推進室参事官
令和3年7月	総務省行政評価局評価監視官（財務、文部科学等担当）
令和4年6月	総務省行政評価局政策評価課長

総務省行政評価局行政相談企画課長

渡 邉 浩 之（わたなべ　ひろゆき）

昭和47年7月24日生．福島県出身．
東京大学法学部

平成7年4月	総務庁入庁
平成24年9月	総務省行政管理局行政情報システム企画課個人情報保護室長
平成26年8月	総務省行政評価局政策評価課企画官
平成27年4月	総務省行政評価局企画課企画官
平成27年7月	内閣府本府規制改革推進室参事官
平成29年7月	復興庁統括官付参事官
平成31年4月	総務省行政不服審査会事務局総務課長
令和3年8月	総務省行政評価局評価監視官（連携調査、環境等担当）
令和4年7月	総務省行政評価局行政相談企画課長

総務省行政評価局評価監視官（内閣、総務等担当）
Director for Evaluation and Inspection

麻 山 晃 邦（あさやま　てるくに）

昭和50年7月4日生．岡山県出身．
早稲田大学法学部

平成11年4月　　総務庁入庁
令和2年7月　　復興庁統括官付参事官
令和4年6月　　総務省行政評価局評価監視官（内閣、総務等担当）

総務省行政評価局評価監視官（法務、外務、経済産業等担当）
Director for Evaluation and Inspection

玉 置 　　 賢（たまき　けん）

昭和46年3月23日生．神奈川県出身．
東京大学経済学部

平成6年4月　　農林水産省入省
平成23年7月　　内閣府本府行政刷新会議事務局企画官
平成24年12月　　内閣府大臣官房行政改革関係組織検討準備室企画官
平成25年1月　　内閣官房副長官補付企画官
平成26年8月　　農林水産省経営局就農・女性課経営体育成支援室長
平成28年8月　　林野庁林政部木材利用課長
平成30年7月　　農林水産省経営局保険課長
令和2年8月　　農林水産省経営局経営政策課長
令和4年6月　　総務省行政評価局評価監視官（法務、外務、経済産業等
　　　　　　　　担当）

総務省行政評価局評価監視官（財務、文部科学等担当）
Director for Evaluation and Inspection

山　本　宏　樹 （やまもと　ひろき）

昭和50年 8 月30日生．愛知県出身．
慶應義塾大学文学部

平成11年 4 月	総理府入府
平成28年 9 月	内閣官房内閣総務官室企画官 命 内閣官房皇室典範改正準備室室員
平成29年 6 月	総務省行政管理局企画調整課企画官
平成30年10月	総務大臣秘書官事務取扱
令和元年 9 月	総務省大臣官房参事官 併任 行政管理局管理官（業務・システム改革総括）
令和 2 年 7 月	総務省行政管理局管理官（独法評価総括）
令和 3 年 7 月	総務省行政管理局管理官（厚生労働・宮内等）併任 内閣官房内閣参事官（内閣人事局）
令和 4 年 7 月	総務省行政評価局評価監視官（財務、文部科学等担当）

総務省行政評価局評価監視官（農林水産、防衛担当）
Director for Evaluation and Inspection

櫻　井　秀　和 （さくらい　ひでかず）

昭和45年10月15日生．神奈川県出身．
東京大学経済学部

平成 7 年 4 月	郵政省入省
平成26年 8 月	内閣官房副長官補付企画官 命 内閣官房情報通信技術（ＩＴ）総合戦略室企画官
平成27年 7 月	内閣官房内閣サイバーセキュリティセンター企画官
平成30年 7 月	総務省情報流通行政局情報流通振興課企画官
令和元年 7 月	日本郵政株式会社本社システム部門グループサイバーセキュリティ室次長
令和 3 年 4 月	日本郵政株式会社本社グループＩＴ統括部情報セキュリティ室長
令和 4 年 6 月	総務省行政評価局評価監視官（農林水産、防衛担当）

総務省行政評価局評価監視官（厚生労働等担当）
Director for Evaluation and Inspection

安 仲 陽 一（やすなか　よういち）

昭和40年12月6日生．大分県出身．
九州大学法学部

平成元年4月	総務庁入庁（九州管区行政監察局）
平成21年7月	総務省行政評価局評価監視調査官
平成23年7月	総務省行政評価局総務課課長補佐
平成24年7月	総務省行政管理局副管理官
平成26年7月	総務省行政評価局評価監視調査官
平成27年4月	総務省行政評価局総括評価監視調査官
平成28年4月	総務省行政評価局調査官 兼 総括評価監視調査官
平成30年7月	総務省行政評価局総務課企画官
令和2年4月	総務省行政評価局評価監視官（厚生労働等担当）

総務省行政評価局評価監視官（復興、国土交通担当）
Director for Evaluation and Inspection

徳 満 純 一（とくみつ　じゅんいち）

昭和48年12月10日生．広島県出身．
東京大学法学部

平成9年4月	総務庁入庁
平成24年8月	総務省行政評価局総務課課長補佐
平成25年6月	総務省行政評価局調査官
平成26年4月	総務省大臣官房企画課企画官 併任 情報システム室長
平成26年9月	国務大臣秘書官事務取扱
平成27年10月	内閣官房内閣人事局企画官
平成28年8月	総務省行政評価局総務課企画官
平成30年7月	総務省行政不服審査会事務局審査官
令和2年8月	総務省行政評価局評価監視官（連携調査、環境等担当）
令和2年9月	内閣官房内閣参事官（内閣官房副長官補付）命 情報通信技術（IT）総合戦略室参事官
令和3年9月	デジタル庁統括官付参事官
令和4年6月	総務省行政評価局評価監視官（復興、国土交通担当）

総務省行政評価局評価監視官（連携調査、環境等担当）
Director for Evaluation and Inspection

柴　沼　雄一朗（しばぬま　ゆういちろう）

昭和46年4月5日生．茨城県出身．
京都大学法学部

平成7年4月	総務庁入庁
平成24年9月	総務省行政評価局調査官
平成25年6月	総務省人事・恩給局人事政策課人事企画官
平成26年5月	内閣官房内閣人事局企画官
平成27年7月	復興庁統括官付参事官
平成29年7月	総務省大臣官房参事官　併任　行政管理局管理官（業務・システム改革総括）
令和元年7月	総務省大臣官房付　併任　政策統括官付　併任　統計委員会担当室次長（政策統括官付）　併任　内閣官房副長官補付　命　内閣官房統計改革推進室参事官
令和2年7月	厚生労働省社会・援護局援護・業務課長
令和4年8月	総務省行政評価局評価監視官（連携調査、環境等担当）

総務省行政評価局行政相談管理官

髙　橋　喜　義（たかはし　きよし）

昭和38年8月19日生．静岡県出身．
國學院大學法学部

昭和62年4月	総務庁入庁（関東管区行政監察局）
平成28年4月	総務省行政評価局調査官
平成29年4月	総務省行政評価局企画課企画官
平成30年4月	総務省中部管区行政評価局地域総括評価官（静岡行政監視行政相談センター）
平成31年4月	総務省行政評価局企画課評価活動支援室長
令和2年4月	総務省行政評価局総務課地方業務室長
令和3年4月	総務省東北管区行政評価局評価監視部長
令和4年4月	総務省行政評価局行政相談管理官

総務省自治行政局長
Director-General of the Local Administration
Bureau

吉　川　浩　民（よしかわ　ひろみ）
昭和39年8月15日生．新潟県出身．
新潟県立柏崎高校，東京大学法学部

昭和63年4月	自治省入省（税務局市町村税課 兼 大臣官房総務課）
平成5年4月	石川県総務部税務課長
平成6年4月	石川県総務部地方課長
平成7年4月	石川県総務部財政課長
平成9年4月	総務庁人事局参事官補佐
平成10年10月	秋田県矢島町助役
平成12年10月	自治大学校教授
平成13年1月	総務省大臣官房総務課課長補佐
平成14年7月	総務省自治行政局行政課課長補佐
平成15年4月	総務省自治行政局行政課理事官
平成17年4月	総務省自治行政局行政課行政企画官
平成17年8月	佐賀県経営支援本部長
平成18年4月	佐賀県農林水産商工本部長
平成19年4月	佐賀県統括本部長
平成20年7月	総務省自治行政局合併推進課行政体制整備室長
平成22年4月	総務省自治行政局市町村体制整備課行政経営支援室長
平成22年7月	内閣府本府地域主権戦略室参事官
平成24年10月	群馬県副知事
平成27年7月	総務省自治行政局公務員部福利課長
平成28年6月	総務省自治財政局地方債課長
平成29年7月	総務省自治行政局行政課長
平成30年7月	総務省大臣官房審議官（地方行政・個人番号制度、地方公務員制度、選挙担当）
令和元年7月	地方公共団体金融機構理事
令和3年7月	総務省自治行政局長

総務省新型コロナ対策地方連携総括官 併任 大臣官房地域力創造審議官

大 村 慎 一（おおむら　しんいち）

昭和38年8月生．静岡県出身．
静岡県立静岡高校，東京大学経済学部

自治行政局

昭和62年4月	自治省入省（税務局企画課）
昭和62年7月	鳥取県地方課
平成元年4月	自治大学校研究部
平成2年6月	自治省財政局地方債課
平成4年4月	札幌市調整課長
平成6年4月	岐阜県企画調整課長、財政課長
平成10年4月	自治省税務局府県税課課長補佐
平成10年7月	内閣官房副長官秘書官
平成12年7月	自治省財政局財政課長補佐
平成13年1月	総務省自治財政局財政課長補佐
平成13年4月	総務省自治財政局調整課長補佐
平成14年1月	総務省自治財政局調整課理事官
平成14年4月	北九州市財政局長
平成17年4月	総務省大臣官房企画課企画官
平成18年7月	総務省大臣官房広報室長
平成20年7月	総務省自治税務局都道府県税課税務管理官
平成21年4月	静岡県総務部長
平成22年1月	静岡県副知事
平成24年1月	総務省大臣官房付 兼 内閣府地域主権戦略室参事官
平成24年9月	内閣官房副長官補付内閣参事官
平成25年10月	兼 内閣官房2020年オリンピック・パラリンピック東京大会推進室参事官
平成26年7月	総務省自治財政局公営企業課長
平成27年7月	総務省大臣官房参事官（秘書課担当）
平成29年7月	内閣官房内閣審議官 兼 内閣府地方分権改革推進室次長
平成30年7月	総務省消防庁国民保護・防災部長
平成30年11月	総務省自治行政局公務員部長
令和2年7月	総務省大臣官房地域力創造審議官
令和3年7月	総務省新型コロナ対策地方連携総括官 兼 内閣官房孤独・孤立対策担当室長代行
令和3年12月	兼 内閣官房孤独・孤立対策担当室長
令和4年6月	総務省新型コロナ対策地方連携総括官 併任 大臣官房地域力創造審議官

総務省大臣官房審議官（地方行政・個人番号制度、地方公務員制度、選挙担当）
Deputy Director‑General of Minister's
Secretariat

三　橋　一　彦 （みはし　かずひこ）

昭和44年 4 月14日生．鳥取県出身．
東京大学法学部

平成 4 年 4 月	自治省入省
平成15年 4 月	総務省自治行政局合併推進課行政体制整備室課長補佐 兼 合併推進課長補佐
平成16年 7 月	総務省自治行政局公務員部公務員課給与能率推進室課長補佐 兼 公務員部公務員課長補佐
平成18年 8 月	総務省自治財政局財務調査課長補佐
平成19年 4 月	総務省自治財政局財務調査課理事官
平成20年 4 月	鹿児島県総務部次長 兼 財政課長
平成21年 4 月	鹿児島県総務部次長
平成22年 4 月	鹿児島県総務部長
平成23年 7 月	内閣府地域主権戦略室参事官
平成25年 2 月	総務省自治行政局公務員部公務員課給与能率推進室長
平成27年 7 月	内閣官房内閣参事官（内閣官房副長官補付）命 内閣官房社会保障改革担当室参事官 併任 内閣府大臣官房番号制度担当室参事官
令和元年 7 月	総務省自治行政局住民制度課長
令和 3 年 7 月	総務省自治行政局行政課長
令和 4 年 6 月	総務省大臣官房審議官（地方行政・個人番号制度、地方公務員制度、選挙担当）

総務省大臣官房審議官（新型コロナウイルス感
染症対策・デジタル化推進等地方連携推進、地
域振興担当）

足 達 雅 英（あだち　まさひで）
昭和43年12月27日生．神奈川県出身．
東京大学法学部

平成 4 年 4 月	自治省入省
平成17年 4 月	宮城県総務部財政課長
平成18年 4 月	総務省消防庁国民保護・防災部防災課災害対策官
平成19年 4 月	総務省自治行政局自治政策課理事官
平成20年 4 月	秋田県総務企画部次長
平成21年 5 月	秋田県総務企画部長
平成22年 4 月	秋田県総務部長
平成23年 7 月	自治体国際化協会シンガポール事務所長
平成27年 7 月	総務省大臣官房企画官 兼 参事官 兼 自治財政局財政課復興特別交付税室長
平成28年 4 月	内閣官房内閣参事官 兼 拉致問題対策本部事務局総務・拉致被害者等支援室長
平成30年 7 月	ラグビーワールドカップ2019組織委員会地方公共団体担当総括 兼 開催都市業務局長
令和 2 年 1 月	総務省自治行政局地域政策課長
令和 3 年 8 月	内閣官房内閣審議官（内閣官房副長官補付）命 新型コロナウイルス感染症対策推進室審議官 命 新型コロナウイルス感染症対策本部事務局審議官
令和 4 年 6 月	総務省大臣官房審議官（新型コロナウイルス感染症対策・デジタル化推進等地方連携推進、地域振興担当）

総務省自治行政局行政課長
Director of the Local Administration Division

田 中 聖 也（たなか　まさや）

昭和45年5月15日生．埼玉県出身．
東京大学法学部

平成5年4月	自治省入省
平成18年7月	総務省自治行政局行政課課長補佐
平成19年4月	内閣府地方分権改革推進委員会事務局参事官補佐
平成21年7月	総務省自治行政局行政課行政企画官 兼 大都市制度専門官事務取扱
平成23年4月	山梨県総務部長
平成25年4月	全国知事会部長 兼 地方自治確立対策協議会地方分権改革推進本部事務局部長
平成27年7月	総務省自治行政局公務員部公務員課給与能率推進室長
平成28年6月	総務省自治行政局市町村課行政経営支援室長
平成29年7月	内閣官房内閣参事官（内閣総務官室）
令和元年7月	総務省自治行政局市町村課長
令和2年7月	総務省大臣官房参事官（秘書課担当）
令和4年6月	総務省自治行政局行政課長

総務省自治行政局住民制度課長

寺 田 雅 一（てらだ　まさかず）

昭和47年5月17日生．滋賀県出身．
東京大学法学部

平成8年4月	自治省入省
平成24年4月	総務省自治行政局行政課地方議会企画官
平成25年7月	総務省自治行政局行政課行政企画官
平成26年7月	鹿児島県総務部長
平成30年4月	総務省自治行政局住民制度課個人番号カード企画官 併任 自治行政局住民制度課外国人住民基本台帳室長
令和元年7月	総務省大臣官房参事官 命 個人番号企画室長事務取扱
令和2年3月	地方公共団体情報システム機構住民基本台帳ネットワークシステム全国センター副センター長 兼 新システム開発部長事務取扱
令和4年8月	総務省自治行政局住民制度課長

総務省自治行政局市町村課長

田　中　昇　治 （たなか　しょうじ）

昭和45年12月16日生. 京都府出身.
東京大学経済学部

平成19年4月　総務省大臣官房企画課課長補佐　平成19年10月　併任 大臣官房政策評価広報課　平成20年1月　併任 内閣府政策統括官（共生社会政策担当）付 併任 内閣府仕事と生活の調和推進室室員　平成20年7月　内閣官房副長官補付　平成22年7月　総務省自治税務局都道府県税課課長補佐　平成24年7月　岐阜県総合企画部次長　平成25年4月　岐阜県健康福祉部次長　平成26年4月　総務省大臣官房付 併任 内閣官房副長官補付企画官 命 内閣官房国土強靱化推進室企画官　平成27年4月　堺市財政局長　平成30年4月　総務省大臣官房付
平成30年7月　総務省消防庁国民保護・防災部防災課地域防災室長
令和2年7月　総務省大臣官房付
令和2年8月　併任 内閣官房内閣参事官（内閣官房副長官補付）命 内閣官房まち・ひと・しごと創生本部事務局参事官（〜3年12月）併任 内閣府本府地方創生推進室参事官 併任 内閣府地方創生推進事務局参事官（地域再生担当）
令和4年1月　併任 内閣官房デジタル田園都市国家構想実現会議事務局参事官
令和4年7月　総務省自治行政局市町村課長 併任 自治行政局住民制度課

総務省自治行政局地域政策課長

西　中　　　隆 （にしなか　たかし）

昭和45年8月25日生. 広島県出身.
一橋大学法学部

平成6年4月　自治省採用　平成14年7月　総務省人事・恩給局参事官補佐　平成15年7月　国際観光振興機構トロント観光宣伝事務所員　平成18年7月　総務省自治行政局自治政策課国際室国際協定専門官　平成18年10月　内閣府参事官補佐（総括担当）（政策統括官（防災担当）付参事官（総括担当）付）　平成20年7月　総務省自治税務局都道府県税課理事官　平成21年4月　総務省自治税務局都道府県税課理事官　平成22年4月　総務省自治行政局公務員部公務員課理事官　平成23年7月　佐賀県くらし環境本部副本部長　平成24年4月　佐賀県くらし環境本部文化・スポーツ部長　平成26年4月　佐賀県統括本部長
平成28年4月　東京オリンピック・パラリンピック競技大会組織委員会事務局大会準備運営第一局次長
平成30年7月　東京オリンピック・パラリンピック競技大会組織委員会事務局聖火リレー室長
平成30年7月　内閣府参事官（災害緊急事態対処担当）（政策統括官（防災担当）付）
令和2年8月　個人情報保護委員会事務局総務課長
令和4年6月　総務省自治行政局地域政策課長

総務省自治行政局地域自立応援課長 併任 内閣府地方創生推進事務局参
事官（地域再生担当）
Director of Regional Self-support Promotion Division

小 谷 克 志（こたに　かつし）

昭和39年8月16日生．千葉県出身．
明治大学法学部

昭和58年4月	自治省入省
平成24年6月	総務省消防庁総務課政策評価広報官
平成27年4月	総務省自治行政局選挙部管理課選挙管理官
令和元年8月	総務省自治行政局選挙部政治資金課収支公開室長
令和4年4月	総務省自治行政局地域自立応援課長 併任 内閣府地方創生推進事務局参事官（地域再生担当）

総務省自治行政局参事官
Counsellor of the International Affairs Office

長谷川　　孝（はせがわ　たかし）

昭和47年1月19日生．熊本県出身．
私立市川高等学校，東京大学法学部

平成6年4月　自治省入省　平成18年4月　総務省消防庁予防課課長補
佐　平成19年8月　総務省自治行政局選挙部管理課訟務専門官（兼）課長
補佐　平成21年4月　総務省自治行政局選挙部管理課理事官　平成21年
9月　総務省自治行政局選挙部選挙課理事官　平成23年5月　総務省自
治行政局選挙部選挙課企画官　平成24年4月　横浜市政策局政策部担当
部長　平成25年4月　横浜市政策局政策部担当理事（兼）政策部担当部長　平
成27年4月　横浜市政策局政策調整担当理事　平成28年7月　内閣官房
内閣参事官（内閣官房副長官補付）命 内閣官房番号制度推進室参事官 併
任 内閣府大臣官房番号制度担当室参事官）　平成30年4月　総務省大臣
官房参事官 命 個人番号企画室長事務取扱　令和元年7月　総務省大臣
官房参事官 併任 企画課政策室長　令和3年7月　総務省自治行政局住
民制度課長　令和4年6月　総務省自治行政局住民制度課長 併任 自治
行政局参事官 併任 選挙部選挙課選挙制度調査室長事務取扱　令和4年
8月　総務省自治行政局参事官 併任 選挙部政治資金課支出情報開示室
長事務取扱 併任 選挙部選挙課選挙制度調査室長事務取扱

総務省自治行政局公務員部長
Director‐General of the Local Public Service
Personnel Department

大　沢　　博（おおさわ　ひろし）

昭和42年8月19日生. 岩手県出身.
東京大学法学部

平成2年4月	自治省入省（行政局公務員部給与課）
平成17年4月	総務省自治財政局財政課理事官
平成18年4月	総務省自治財政局財政課財政企画官
平成19年7月	福井県総務部長
平成21年8月	内閣府地方分権改革推進室企画官
平成23年7月	総務省大臣官房政策評価広報課広報室長
平成24年9月	内閣官房長官秘書官事務取扱
平成24年12月	総務省自治財政局公営企業課準公営企業室長
平成27年7月	総務省自治財政局交付税課長
平成29年7月	総務省自治財政局財政課長
令和2年7月	内閣官房内閣審議官（内閣官房副長官補付）命 内閣官房沖縄連絡室室員 命 内閣官房番号制度推進室審議官 命 内閣官房ギャンブル等依存症対策推進本部事務局審議官
令和4年6月	総務省自治行政局公務員部長

総務省自治行政局公務員部公務員課長
Director of the Local Public Service Personnel Division

野　村　謙一郎（のむら　けんいちろう）

昭和44年6月5日生．京都府出身．
東京大学法学部

平成5年	自治省入省
平成22年4月	川崎市財政局長
平成24年4月	内閣官房地域活性化統合事務局企画官
平成26年7月	総務省自治行政局選挙部政治資金課支出情報開示室長
平成27年7月	総務省大臣官房付 併任 内閣官房副長官補付 併任 内閣府参事官（総括担当）（政策統括官（経済財政運営担当）付）併任 内閣府本府地方分権改革推進室参事官
平成28年7月	宮内庁長官官房参事官 併任 内閣官房内閣総務官室 命 内閣官房皇室典範改正準備室参事官
平成30年7月	厚生労働省職業安定局雇用開発部高齢者雇用対策課長
平成31年4月	厚生労働省職業安定局高齢者雇用対策課長
令和2年7月	総務省自治行政局公務員部福利課長
令和4年6月	総務省自治行政局公務員部公務員課長

総務省自治行政局公務員部福利課長
Director of the Welfare Division

笹　野　　　健（ささの　たけし）

昭和47年5月30日生．神奈川県出身．A型
浅野高校，東京大学

平成7年4月	自治省入省
平成22年4月	総務省消防庁総務課理事官
平成23年7月	石巻市役所復興担当審議監
平成24年2月	石巻市副市長
平成28年6月	総務省自治行政局公務員部給与能率推進室長
平成30年4月	内閣官房番号制度推進室長、内閣参事官
令和3年7月	国土交通省国土政策局特別地域振興官
令和4年7月	総務省自治行政局公務員部福利課長

総務省自治行政局選挙部長
Director-General of the Election Department

森　　源　二（もり　げんじ）
昭和40年7月18日生．愛知県出身．
東京大学法学部，ケネディ行政大学院

平成元年4月	自治省入省
平成元年7月	群馬県地方課
平成7年4月	春日井市企画調整部長
平成10年8月	京都府地方課長
平成12年7月	自治省行政局選挙部管理課訟務専門官 兼 課長補佐
平成14年9月	総務省自治行政局公務員部公務員課長補佐
平成15年10月	内閣官房構造改革特区推進室室員 兼 内閣官房地域再生推進室室員
平成17年8月	総務省自治行政局行政課行政企画官
平成18年4月	総務省大臣官房会計課企画官
平成18年7月	総務省大臣官房企画課企画官
平成18年9月	総務省大臣官房付（大臣秘書官事務取扱）
平成19年9月	総務省大臣官房参事官（財政課）
平成20年4月	金沢市副市長
平成24年4月	総務省自治行政局地域自立応援課地域振興室長
平成24年9月	内閣府地域主権戦略室参事官
平成25年1月	内閣府地方分権改革推進室参事官
平成26年7月	総務省自治行政局選挙部政治資金課長
平成28年7月	総務省自治行政局選挙部選挙課長
平成30年7月	総務省自治行政局行政課長
令和元年7月	総務省大臣官房審議官（地方行政・個人番号制度、地方公務員制度、選挙担当）
令和2年7月	総務省自治行政局選挙部長

総務省自治行政局選挙部選挙課長

Director of the Election Division

笠　置　隆　範（かさぎ　たかのり）

昭和43年 9 月 1 日生．大分県出身．
大分雄城台高等学校，東京大学法学部

平成 4 年 4 月　　自治省入省　　平成10年 4 月　　島根県総務部国際課長　　平
成12年 4 月　　島根県商工労働部企業振興課長　　平成14年 4 月　　島根県総
務部財政課長　平成16年 4 月　内閣官房副長官補付　平成17年 7 月　　総
務省自治行政局選挙部選挙課課長補佐　平成19年 4 月　総務省自治行政
局選挙部選挙課理事官　平成21年 9 月　総務大臣秘書官事務取扱
平成22年 9 月　　総務省大臣官房政策評価広報課企画官
平成23年 4 月　　岡山県総務部長
平成25年 4 月　　総務省大臣官房企画官 兼 参事官 兼 自治財政局財政課復
　　　　　　　　　興特別交付税室長
平成27年 6 月　　北海道総務部長 兼 北方領土対策本部長
平成29年 7 月　　厚生労働省職業安定局雇用開発部地域雇用対策課長
平成30年 7 月　　総務省自治行政局選挙部管理課長
令和元年 8 月　　総務省自治行政局選挙部政治資金課長
令和 2 年 5 月　　総務省自治行政局選挙部選挙課長 併任 政治資金課長
令和 2 年 7 月　　総務省自治行政局選挙部選挙課長

総務省自治行政局選挙部管理課長

Director of the Election Management Division

清　田　浩　史（きよた　ひろし）

昭和44年11月生．大阪府出身．
東京大学法学部

平成 5 年 4 月　　自治省入省　　平成10年 7 月　　札幌市企画調整局企画部調
整課長　平成12年 7 月　　国税庁資産税課課長補佐
平成14年 4 月　　神奈川県福祉部介護国民健康保険課長
平成16年 4 月　　神奈川県企画部市町村課長
平成18年 4 月　　総務省自治行政局選挙部管理課訟務専門官 兼 課長補佐
平成19年 8 月　　総務省大臣官房総務課課長補佐 兼 政策評価広報課評価
　　　　　　　　　専門官
平成20年 7 月　　浜松市企画部長
平成22年 8 月　　地方公共団体金融機構資金部資金課長
平成24年 4 月　　地方公共団体金融機構経営企画部企画課長
平成25年 4 月　　山形県子育て推進部長
平成26年 7 月　　山形県総務部長
平成28年 4 月　　復興庁統括官付参事官
平成30年 7 月　　地方公共団体金融機構資金部長
令和 2 年 7 月　　総務省自治行政局選挙部管理課長

総務省自治行政局選挙部政治資金課長
Director of the Political Funds Regulation Division

北 村 朋 生 （きたむら　ともお）

昭和47年1月19日生.　長崎県出身.
東京大学法学部

平成8年4月　自治省入省　平成14年4月　宮古市総務企画部長　平成
17年4月　総務省自治税務局都道府県税課長補佐　平成18年4月　愛
媛県総務部新行政推進局市町振興課長　平成21年7月　総務省大臣官房
総務課課長補佐　平成22年7月　総務省自治税務局固定資産税課課長補
佐　平成23年4月　滋賀県総務部管理監（経営企画・協働推進担当）　平
成24年4月　滋賀県琵琶湖環境部長　平成25年4月　滋賀県総務部長
平成27年4月　自治体国際化協会審議役
平成27年7月　自治体国際化協会北京事務所長
令和元年7月　総務省自治行政局選挙部政治資金課政党助成室長
令和2年1月　内閣府参事官（産業・雇用担当）（政策統括官（経済財政
　　　　　　　運営担当）付）併任　内閣府本府地域就職氷河期世代支援
　　　　　　　加速化事業推進室参事官
令和2年10月　総務省大臣官房参事官　併任　自治行政局公務員部公務員
　　　　　　　課給与能率推進室長事務取扱
令和3年7月　総務省自治行政局選挙部政治資金課長

新型コロナウイルス感染症対策関連経費の状況（性質別歳出内訳）（単位　億円・%）

区　　　分	純　計　額		都道府県		市　町　村	
義　務　的　経　費	5,138	2.0	591	0.6	4,547	2.8
う　ち　人　件　費	591	0.2	218	0.2	373	0.2
う　ち　扶　助　費	4,546	1.8	373	0.4	4,173	2.6
投　資　的　経　費（普通建設事業費）	2,705	1.1	1,228	1.2	1,505	0.9
そ　の　他　の　経　費	248,493	96.9	99,392	98.2	155,674	96.3
う　ち　物　件　費	13,645	5.3	3,819	3.8	9,826	6.1
う　ち　補　助　費　等	184,636	72.0	52,743	52.1	138,465	85.6
う　ち　積　立　金	1,353	0.5	972	1.0	381	0.2
う　ち　貸　付　金	47,707	18.6	40,989	40.5	6,718	4.2
合　　　　　　　　計	256,336	100.0	101,210	100.0	161,726	100.0

「令和4年版地方財政白書」より

総務省自治財政局長
Director-General of the Local Public Finance
Bureau

原　　邦　彰（はら　くにあき）

昭和39年9月18日生. 神奈川県出身.
東京大学法学部

昭和63年4月	自治省入省（財政局交付税課兼大臣官房総務課）
昭和63年7月	茨城県地方課
平成元年4月	茨城県財政課
平成2年4月	消防庁総務課
平成2年10月	自治省財政局財政課
平成5年4月	宮崎県人事課行政管理監
平成6年4月	宮崎県地域振興室長
平成6年10月	宮崎県財政課長
平成9年4月	経済企画庁財政金融課課長補佐
平成11年4月	自治省税務局固定資産税課審査訴訟専門官
平成12年8月	自治省財政局調整室課長補佐
平成13年1月	総務省自治財政局調整課課長補佐
平成14年2月	総務省自治税務局企画課課長補佐
平成15年8月	総務省自治財政局財政課理事官
平成16年4月	総務省自治財政局財政課財政企画官
平成17年4月	和歌山県総務部長
平成19年1月	和歌山県副知事
平成21年4月	総務省自治行政局公務員部公務員課給与能率推進室長
平成22年7月	内閣官房内閣参事官（内閣官房副長官補付）
平成24年9月	総務省自治行政局市町村体制整備課長
平成25年4月	総務省自治行政局市町村課長
平成26年4月	総務省自治財政局財務調査課長
平成27年7月	総務省自治財政局調整課長
平成29年7月	内閣官房内閣審議官（内閣総務官室）命 内閣官房人事管理官 命 内閣官房皇室典範改正準備室副室長 併任 内閣官房内閣人事局
平成30年7月	内閣官房内閣総務官室内閣総務官 併任 内閣人事局人事政策統括官 命 内閣官房皇室典範改正準備室長 命 皇位継承式典事務局次長 併任 内閣府大臣官房
令和2年7月	総務省大臣官房長
令和4年6月	総務省自治財政局長

総務省大臣官房審議官（財政制度・財務担当）

的　井　宏　樹（まとい　ひろき）

昭和42年12月12日生.
東京大学法学部

平成 2 年 4 月	自治省入省
平成 2 年 7 月	島根県地方課
平成 5 年 4 月	自治省財政局財政課
平成 7 年 4 月	徳島市財政部長 兼 理事
平成11年 5 月	奈良県総務部地方課長
平成12年 4 月	奈良県総務部市町村課長
平成13年 4 月	奈良県総務部財政課長
平成15年 4 月	総務省自治財政局財務調査課課長補佐
平成16年 4 月	総務省自治財政局地方債課課長補佐
平成17年 4 月	総務省自治財政局地方債課理事官
平成17年 7 月	愛知県企画振興部次長
平成18年 4 月	愛知県地域振興部次長
平成19年 4 月	愛知県地域振興部長
平成21年 4 月	国土交通省都市・地域整備局地方振興課調整官 併任 内閣官房地域活性化統合事務局企画官
平成22年 4 月	総務省自治行政局地域政策課国際室長
平成23年 8 月	総務省自治行政局外国人住民基本台帳室長
平成25年 4 月	北海道総務部長 兼 北方領土対策本部長
平成27年 7 月	内閣官房日本経済再生総合事務局参事官
平成29年 7 月	個人情報保護委員会事務局総務課長
令和元年 7 月	総務省政治資金適正化委員会事務局長
令和 2 年 7 月	自治医科大学事務局長
令和 3 年 7 月	地方公共団体金融機構理事
令和 4 年 7 月	総務省大臣官房審議官（財政制度・財務担当）

自治財政局

総務省大臣官房審議官（公営企業担当）

馬　場　　　健（ばば　けん）

昭和41年11月18日生．奈良県出身．
奈良女子大学附属高校，東京大学法学部

平成 2 年 4 月	大蔵省入省
平成20年 7 月	財務省大臣官房企画官
平成20年12月	内閣府官民人材交流センター主任調整官
平成22年 7 月	財務省理財局国有財産企画課政府出資室長
平成23年 7 月	財務省理財局財政投融資総括課財政投融資企画官
平成25年 6 月	財務省理財局計画官（農林水産・環境、地方企画、地方財務審査、地方運用係担当）
平成26年 7 月	内閣府政策統括官付参事官（予算編成基本方針担当）
平成27年 4 月	財務省大臣官房信用機構課長
平成27年 7 月	宮内庁長官官房主計課長
平成29年 7 月	内閣官房内閣参事官（内閣官房副長官補付）兼 内閣官房情報通信技術（ＩＴ）総合戦略室参事官 兼 内閣官房番号制度推進室参事官 兼 内閣府大臣官房番号制度担当室参事官
令和元年 7 月	預金保険機構検査部長
令和 2 年 4 月	独立行政法人自動車事故対策機構理事
令和 4 年 7 月	総務省大臣官房審議官（公営企業担当）

総務省自治財政局財政課長
Director of the Local Public Finance Division

新 田 一 郎（にった いちろう）

昭和46年 8 月14日生．愛媛県出身．
桐蔭学園，東京大学法学部

平成 6 年 4 月	自治省入省
平成 6 年 7 月	岩手県総務部地方振興課
平成11年 7 月	大阪府池田市政策推進部長
平成18年 7 月	京都府財政課長
平成20年 7 月	総務省自治行政局行政体制整備室課長補佐
平成21年 4 月	総務省自治行政局合併推進課長補佐
平成22年 4 月	総務省自治行政局行政課理事官
平成23年 4 月	総務省自治行政局行政課行政企画官
平成24年 6 月	兼 総務省大臣官房総務課復旧復興支援室長
平成24年11月	富山県経営管理部長
平成28年 4 月	富山県知事政策局長 兼 危機管理監
平成29年 4 月	総務省自治財政局財政課参事官
平成29年 7 月	総務省大臣官房広報室長
令和元年 7 月	総務省自治財政局調整課長
令和 3 年 7 月	総務省自治財政局地方債課長
令和 4 年 6 月	総務省自治財政局財政課長

総務省自治財政局調整課長

近 藤 貴 幸（こんどう たかゆき）

昭和47年 7 月 6 日生．神奈川県出身．
東京大学経済学部

平成 8 年 4 月	自治省入省
平成16年 4 月	宮崎県総務部財政課長
平成18年 4 月	財務省主計局法規課長補佐
平成20年 4 月	さいたま市政策局総合政策監
平成23年 4 月	総務省自治財政局調整課理事官
平成24年 4 月	内閣府地方分権改革推進室参事官補佐
平成25年 4 月	福島県企画調整部次長（地域づくり担当）
平成26年 4 月	福島県企画調整部長
平成28年 4 月	総務省消防庁国民保護・防災部防災課地域防災室長
平成28年 8 月	内閣府地方創生担当大臣秘書官事務取扱
平成29年 8 月	復興庁統括官付企画官
平成30年 8 月	復興庁統括官付参事官
令和 2 年 7 月	内閣府地方分権改革推進室参事官
令和 3 年10月	内閣官房気候変動対策推進室参事官 兼 環境省大臣官房地域脱炭素事業推進調整官
令和 4 年 6 月	総務省自治財政局調整課長

総務省自治財政局交付税課長
Director of the Local Allocation Tax Division

赤 岩 弘 智（あかいわ　ひろとも）

昭和48年9月21日生．群馬県出身．
東京大学法学部

平成8年4月	自治省入省
平成21年4月	総務省自治財政局地方債課課長補佐
平成23年4月	総務省自治財政局地方債理事官
平成24年4月	総務省大臣官房政策評価広報課企画官
平成24年10月	総務省大臣官房付（大臣秘書官事務取扱）
平成24年12月	総務省大臣官房付 併任 自治財政局公営企業課
平成25年4月	福岡市財政局財政部長
平成26年4月	福岡市財政局長
平成30年4月	自治体国際化協会審議役
平成30年7月	自治体国際化協会シドニー事務所長
令和4年6月	総務省大臣官房付
令和4年7月	総務省自治財政局交付税課長

総務省自治財政局地方債課長
Director of the Local Bond Division

神 門 純 一（ごうど　じゅんいち）

昭和45年9月18日生．島根県出身．
島根県立大社高校，京都大学工学部，
京都大学大学院工学研究科

平成7年4月	自治省入省
平成18年4月	鳥取県総務部次長（総務部財政課長）
平成20年4月	総務省自治財政局財政課課長補佐
平成22年4月	総務省自治税務局固定資産税課理事官
平成22年8月	浜松市企画部長
平成23年4月	浜松市財務部長
平成25年7月	内閣府男女共同参画局総務課企画官
平成27年4月	岐阜県秘書政策審議監
平成28年4月	岐阜県清流の国推進部長
平成29年4月	岐阜県副知事
令和元年7月	総務省自治行政局地域政策課地域情報政策室長
令和3年7月	総務省自治財政局調整課長
令和4年6月	総務省自治財政局地方債課長

総務省自治財政局公営企業課長
Director of the Local Public Enterprise Division

菊　地　健太郎 （きくち　けんたろう）

茨城県出身.
茨城県立水戸第一高，東京大学法学部

平成 7 年 4 月	自治省入省
平成19年 4 月	総務省自治行政局地域振興課過疎対策室課長補佐
平成20年 7 月	総務省自治行政局地域自立応援課過疎対策室課長補佐
平成21年 4 月	大阪府総務部財政課長
平成23年 4 月	総務省自治財政局公営企業課理事官
平成23年 8 月	内閣官房副長官秘書官
平成26年 7 月	茨城県総務部長
平成29年 4 月	茨城県副知事
平成30年 4 月	総務省大臣官房参事官　併任　自治財政局財政課復興特別交付税室長
平成30年 7 月	復興庁統括官付参事官
令和 2 年 7 月	総務省自治行政局選挙部政治資金課支出情報開示室長　併任　選挙課選挙制度調査室長　併任　政治資金課政党助成室長
令和 3 年 7 月	総務省大臣官房参事官　併任　企画課政策室長
令和 4 年 8 月	総務省自治財政局公営企業課長

総務省自治財政局財務調査課長

平　木　　　省 （ひらき　しょう）

昭和49年 5 月12日生. 奈良県出身.
東大寺学園高等学校，東京大学法学部

平成 9 年 4 月	自治省入省
平成17年 8 月	浜松市財政部長
平成20年 7 月	総務省自治税務局都道府県税課課長補佐
平成22年 8 月	京都府総務部自治振興課長
平成23年 6 月	京都府政策企画部企画参事 兼 連絡調整チーム参事
平成24年 4 月	京都府政策企画部副部長
平成25年 4 月	総務省大臣官房政策評価広報課企画官
平成26年 4 月	総務省自治税務局企画課税務企画官
平成26年 9 月	総務大臣秘書官事務取扱（高市早苗総務大臣）
平成29年 8 月	総務省大臣官房政策評価広報課企画官
平成30年 4 月	総務省自治税務局都道府県税課自動車税制企画室長
平成31年 4 月	併任 総務省自治税務局企画課電子化推進室長
令和元年 7 月	岐阜県副知事
令和 4 年 7 月	総務省自治財政局財務調査課長　併任　自治行政局新型コロナウイルス感染症対策等地方連携推進室長代理

自治財政局

総務省自治税務局長
Director‐General of the Local Tax Bureau

川　窪　俊　広（かわくぼ　としひろ）
昭和41年6月17日生．香川県出身．
香川県立高松高校，東京大学法学部

平成元年4月	自治省行政局行政課
平成元年7月	石川県総務部地方課、財政課
平成3年4月	消防庁予防課
平成4年8月	自治省税務局企画課
平成6年4月	北九州市企画局調整課長
平成8年4月	沖縄開発庁振興総務課専門官
平成10年4月	自治省行政局選挙部選挙課課長補佐
平成10年8月	自治省税務局府県税課課長補佐
平成11年7月	岡山県総務部財政課長
平成14年4月	総務省自治財政局財政課課長補佐
平成15年8月	総務省自治税務局企画課課長補佐、理事官、税務企画官
平成18年4月	岩手県総務部長
平成21年4月	総務省自治行政局選挙部政党助成室長
平成22年6月	内閣官房長官秘書官事務取扱
平成24年9月	総務省大臣官房広報室長
平成26年7月	総務省自治税務局市町村税課長
平成28年6月	総務省自治税務局都道府県税課長
平成29年7月	総務省自治税務局企画課長
平成31年4月	地方税共同機構副理事長
令和2年7月	総務省大臣官房審議官（税務担当）
令和4年6月	総務省自治税務局長

総務省大臣官房審議官（税務担当）
Deputy Director-General of Minister's
Secretariat (Local tax)

池 田 達 雄 （いけだ　たつお）

昭和42年5月1日生．大阪府出身．
洛星高校，東京大学法学部

平成2年4月	自治省入省
平成2年7月	新潟県総務部地方課
平成4年4月	外務省経済協力局国際機構課
平成6年4月	自治省財政局公営企業第一課
平成7年5月	秋田県企画調整課、福祉企画課長、秘書課長、財政課長
平成13年4月	総務省行政評価局評価監視調査官
平成15年4月	総務省大臣官房秘書課課長補佐
平成16年4月	総務省自治税務局固定資産税課課長補佐
平成17年4月	総務省自治税務局固定資産税課理事官
平成18年4月	総務省自治税務局企画課税務企画官
平成19年4月	埼玉県環境部長、企画財政部長
平成23年4月	総務省大臣官房参事官（自治財政局財政課）
平成23年12月	併任 復興特別交付税室長
平成24年10月	内閣府地方分権改革推進室参事官
平成27年7月	総務省総合通信基盤局電気通信事業部高度通信網振興課長
平成28年6月	総務省自治税務局市町村税課長
平成30年4月	総務省自治税務局都道府県税課長
平成31年4月	総務省自治税務局企画課長
令和2年4月	内閣官房内閣審議官（内閣官房副長官補付）命 内閣官房新型コロナウイルス感染症対策推進室審議官
令和3年7月	総務省大臣官房審議官（財政制度・財務担当）
令和4年6月	総務省大臣官房審議官（税務担当）

自治税務局

総務省自治税務局企画課長
Director of the Local Tax Planning Division

山 口 最 丈（やまぐち　よしたけ）

昭和44年10月25日生．千葉県出身．
東京大学法学部

平成 5 年 4 月	自治省入省
平成19年 8 月	総務省自治税務局市町村税課課長補佐
平成20年 4 月	総務省自治税務局市町村税課理事官
平成20年 7 月	総務省自治税務局固定資産税課理事官
平成21年 4 月	総務省自治税務局企画課税務企画官
平成22年 7 月	松山市副市長
平成26年 7 月	総務省消防庁消防・救急課救急企画室長
平成28年 6 月	兵庫県企画県民部政策創生部長
平成30年 4 月	兵庫県企画県民部長
令和元年 8 月	全国市町村職員共済組合連合会事務局長
令和 2 年 7 月	総務省自治税務局固定資産税課長
令和 3 年 7 月	総務省自治税務局都道府県税課長
令和 4 年 6 月	総務省自治税務局企画課長

総務省自治税務局都道府県税課長
Director of the Prefectural Tax Planning Division

中 野 祐 介（なかの　ゆうすけ）

昭和45年 4 月 2 日生．静岡県出身．
東京大学経済学部

平成 6 年 4 月	自治省入省
平成21年 7 月	総務省自治財政局財政課理事官
平成22年 4 月	総務省自治財政局公営企業課理事官
平成23年 4 月	総務省大臣官房政策評価広報課企画官 兼 秘書課コンプライアンス室次長
平成24年 4 月	京都府総務部長
平成26年 9 月	地方創生担当大臣秘書官事務取扱
平成28年 8 月	総務省消防庁国民保護・防災部防災課地域防災室長
平成29年 4 月	北海道総務部長 兼 北方領土対策本部長
令和元年 6 月	北海道副知事
令和 3 年 7 月	総務省自治税務局市町村税課長
令和 4 年 6 月	総務省自治税務局都道府県税課長

総務省自治税務局市町村税課長
Director of the Municipal Tax Planning Division

植 田 昌 也 （うえだ　まさや）

昭和47年10月12日生．大阪府出身．
東京大学法学部

平成 7 年 4 月	自治省入省
平成18年 4 月	総務省大臣官房秘書課課長補佐　併任　自治財政局財務調査課課長補佐
平成19年 7 月	外務省在ニューヨーク日本国総領事館領事
平成22年 8 月	総務省自治行政局住民制度課理事官
平成23年 4 月	総務省自治行政局行政課理事官
平成24年11月	総務省自治行政局行政課行政企画官
平成25年 7 月	愛知県地域振興部企画調整監
平成26年 4 月	愛知県地域振興部長
平成27年 4 月	愛知県振興部長
平成29年 7 月	総務省自治行政局行政経営支援室長
平成30年 7 月	併任 自治行政局行政課2040戦略室長
令和 2 年 7 月	総務省自治行政局市町村課長
令和 4 年 7 月	総務省自治税務局市町村税課長

総務省自治税務局固定資産税課長
Director of the Fixed Property Tax Division

市 川 靖 之 （いちかわ　やすゆき）

昭和47年 7 月30日生．埼玉県出身．
早稲田大学政経学部

平成 8 年 4 月	自治省入省
平成18年 4 月	熊本県総務部財政課長
平成20年 4 月	総務省自治行政局選挙部政治資金課課長補佐
平成22年 7 月	総務省大臣官房総務課課長補佐
平成23年 4 月	総務省自治税務局企画課課長補佐
平成24年 4 月	総務省自治税務局企画課税務企画官
平成25年 7 月	和歌山県総務部長
平成28年 7 月	総務省自治税務局都道府県税課税務管理官
平成30年 4 月	総務省自治行政局公務員部公務員課給与能率推進室長
平成31年 4 月	総務省自治税務局企画課企画官
令和元年 7 月	内閣官房内閣参事官（内閣官房副長官補付）
令和 3 年 8 月	総務省自治財政局財務調査課長
令和 3 年10月	内閣官房内閣参事官（内閣官房副長官補付）命 内閣官房新しい資本主義実現本部事務局参事官
令和 4 年 6 月	総務省自治税務局固定資産税課長

総務省国際戦略局長
Director-General of the Global Strategy
Bureau

田　原　康　生（たわら　やすお）

昭和38年7月8日生．千葉県出身．
銚子市立銚子高校，慶應義塾大学理工学部計測工学科，
慶應義塾大学大学院理工学研究科

昭和63年4月	郵政省入省
平成7年7月	郵政省通信政策局技術政策課標準化推進室課長補佐
平成9年7月	郵政省電気通信局電波部移動通信課無線局検査官
平成12年7月	郵政省電気通信局電波計画課周波数調整官
平成13年1月	総務省大臣官房企画課課長補佐
平成14年7月	内閣官房情報通信技術（IT）担当室主幹
平成15年8月	総務省東北総合通信局情報通信部長
平成16年7月	独立行政法人情報通信研究機構総務部統括
平成18年7月	総務省情報通信政策局技術政策課研究推進室長
平成20年7月	総務省総合通信基盤局電気通信事業部電気通信技術システム課長
平成22年7月	総務省総合通信基盤局電波部移動通信課長
平成25年6月	総務省情報通信国際戦略局技術政策課長
平成26年7月	総務省総合通信基盤局電波部電波政策課長
平成29年7月	総務省九州総合通信局長
平成30年7月	総務省総合通信基盤局電波部長
令和2年7月	総務省サイバーセキュリティ統括官
令和3年7月	総務省国際戦略局長

総務省国際戦略局次長
Director-General for International Affairs

小野寺　　修（おのでら　おさむ）

昭和43年5月15日生．大阪府出身．B型
私立桐蔭学園高校，東京大学教養学部国際関係論，
スタンフォード大学院（MBA）

平成3年4月	通産省入省（大臣官房総務課）
平成5年6月	通商政策局経済協力部経済協力課
平成6年6月	長期在外研究員（米国）
平成8年6月	通商政策局国際経済部通商協定管理課長補佐
平成10年7月	貿易局安全保障貿易管理課長補佐
平成13年1月	製造産業局化学課長補佐
平成15年6月	通商政策局通商機構部参事官補佐
平成17年9月	経済協力開発機構（フランス）上席貿易政策分析官
平成20年7月	資源エネルギー庁省エネルギー・新エネルギー部国際協力推進室長
平成22年7月	新エネルギー・産業技術総合開発機構シリコンバレー事務所長
平成25年7月	通商政策局通商機構部参事官（併）国際経済紛争対策室長
平成27年7月	通商政策局通商機構部参事官（全体総括）
平成28年6月	内閣府知的財産戦略推進事務局参事官
平成30年7月	通商政策局通商交渉官
令和3年7月	総務省国際戦略局次長

国際戦略局

趣味　旅行，読書，映画
学生時代の所属部　サッカー部，アメフトサークル
好きな言葉　情けは人のためならず

総務省大臣官房審議官（国際技術、サイバーセキュリティ担当）
Deputy Director‐General for ICT R&D and Cyber Security Policy

内 藤 茂 雄（ないとう　しげお）

昭和43年11月28日生．京都府出身．
東京大学法学部

平成 3 年 4 月	郵政省入省
平成18年 8 月	総務省情報通信政策局情報通信政策課通信・放送法制企画室長
平成20年 7 月	国土交通省道路局路政課道路利用調整室長
平成22年 7 月	内閣官房知的財産戦略推進事務局
平成23年 7 月	総務省総合通信基盤局電波部電波政策課企画官
平成25年 8 月	官民交流派遣
平成27年 8 月	総務省総合通信基盤局電波部衛星移動通信課長
平成28年 7 月	総務省総合通信基盤局電波部基幹・衛星移動通信課長　併任 消防庁国民保護・防災部参事官
平成29年 7 月	総務省総合通信基盤局電気通信事業部データ通信課長
平成30年 7 月	消費者庁消費者政策課長
令和 3 年 7 月	総務省大臣官房総務課長
令和 4 年 6 月	総務省大臣官房審議官（国際技術、サイバーセキュリティ担当）

総務省国際戦略局国際戦略課長
Deputy Director-General for Global Strategy

大　森　一　顕 （おおもり　かずあき）

昭和44年12月13日生．東京都出身．
東京大学経済学部

平成 5 年 4 月	郵政省入省
平成18年 9 月	内閣総理大臣補佐官付
平成20年 7 月	総務省総合通信基盤局総務課課長補佐（統括補佐）
平成21年 9 月	金融・郵政改革担当大臣秘書官（事務取扱）
平成24年 7 月	中華人民共和国大使館参事官
平成27年 7 月	総務省情報流通行政局情報流通振興課情報セキュリティ対策室長
平成29年 1 月	兼 総務省情報通信国際戦略局参事官（サイバーセキュリティ戦略担当）
平成29年 7 月	総務省情報通信国際戦略局国際協力課長
平成29年 9 月	総務省国際戦略局国際協力課長
令和元年 7 月	総務省サイバーセキュリティ統括官付参事官（総括担当）
令和 2 年 7 月	総務省国際戦略局国際政策課長
令和 3 年 7 月	総務省国際戦略局国際戦略課長

総務省国際戦略局技術政策課長
Director, Technology Policy Division

川　野　真　稔 （かわの　まさとし）

神奈川県出身．
京都大学大学院工学研究科（電子工学専攻）

平成 7 年 4 月	郵政省採用
平成24年 7 月	総務省情報流通行政局郵政行政部郵便課国際企画室長
平成27年 6 月	外務省在アメリカ合衆国日本国大使館参事官
平成30年 7 月	総務省情報流通行政局情報通信政策課調査官
令和 2 年 7 月	総務省総合通信基盤局電気通信事業部料金サービス課長
令和 4 年 6 月	総務省国際戦略局技術政策課長

国際戦略局

総務省国際戦略局通信規格課長

Director,ICT Standardization Division

中　里　　学（なかざと　がく）

筑波大学附属駒場高等学校，東京大学理学部情報科学科，
カーネギーメロン大学経営大学院

平成7年4月	郵政省入省
平成23年7月	総務省総合通信基盤局電波部電波政策課統括補佐
平成27年8月	国立研究開発法人情報通信研究機構経営企画部統括
平成29年7月	総務省総合通信基盤局電波部移動通信課新世代移動通信システム推進室長
令和元年7月	内閣府宇宙開発戦略推進事務局参事官
令和3年7月	総務省総合通信基盤局電波部電波環境課長
令和4年6月	総務省国際戦略局通信規格課長

総務省国際戦略局宇宙通信政策課長

Director, Space Communications Policy Division

小　川　裕　之（おがわ　ひろゆき）

東京都出身．
東京大学工学部電気工学科

平成10年4月	郵政省入省
平成17年8月	総務省総合通信基盤局国際部国際協力課課長補佐
平成18年5月	外務省在ロシア日本国大使館二等書記官
平成20年4月	外務省在ロシア日本国大使館一等書記官
平成21年7月	総務省総合通信基盤局電波部電波政策課検定試験官
平成23年7月	総務省総合通信基盤局電波部電波政策課電波利用料企画室課長補佐
平成26年8月	総務省情報通信国際戦略局技術政策課統括補佐
平成28年7月	総務省情報流通行政局放送技術課技術企画官
平成30年8月	東北大学電気通信研究所特任教授
令和3年7月	総務省国際戦略局技術政策課研究推進室長
令和4年6月	総務省国際戦略局宇宙通信政策課長

総務省国際戦略局国際展開課長 併任 国際戦略局国際戦略課国際電気通信連合全権委員会議対策室員
Deputy Director‑General for International Policy

海 野 敦 史 （うみの　あつし）

昭和46年 9 月29日生．東京都出身．
私立桐蔭学園高校，東京大学教養学部，
英国ケンブリッジ大学大学院修士課程（M.Phil.）

平成 6 年 4 月	郵政省入省
平成28年 7 月	国土交通省道路局路政課道路利用調整室長
平成30年 7 月	総務省行政評価局評価監視官（農林水産、防衛担当）
令和 2 年 7 月	総務省サイバーセキュリティ統括官付参事官（国際担当）
令和 4 年 4 月	総務省国際戦略局国際展開課長 併任 国際戦略局国際戦略課国際電気通信連合全権委員会議対策室員
令和 4 年 6 月	併任 総務省国際戦略局国際協力課長

主要著書　『情報収集解析社会と基本権』（尚学社、2021年）、『通信の自由と通信の秘密―ネットワーク社会における再構成』（尚学社、2018年）、『「通信の秘密不可侵」の法理―ネットワーク社会における法解釈と実践』（勁草書房、2015年）、『行政法綱領―行政法学への憲法学的接近―』（晃洋書房、2011年）、『公共経済学への招待』（晃洋書房、2010年）ほか

総務省国際戦略局国際経済課長
Deputy Director‑General for International Economic Affairs

北 神 　 裕 （きたがみ　ゆたか）

昭和48年 4 月生．新潟県出身．
東京大学経済学部

平成26年 7 月	総務省総合通信基盤局電気通信事業部事業政策課統括補佐
平成27年 7 月	総務省総合通信基盤局電気通信事業部番号企画室長
平成28年 8 月	内閣府知的財産戦略推進事務局企画官
平成30年 8 月	総務省情報流通行政局郵政行政部国際企画室長
令和 3 年10月	総務省国際戦略局国際経済課長

国際戦略局

総務省国際戦略局国際協力課長
Deputy Director‐General for International Cooperation

寺 村 行 生 (てらむら ゆきお)

昭和49年3月10日生. 石川県出身.
金沢大学教育学部附属高等学校, 東京大学経済学部

平成9年4月	郵政省入省
平成28年7月	内閣官房日本経済再生事務局企画官
平成30年7月	総務省情報流通行政局情報通信政策課企画官
令和元年7月	日本郵便株式会社国際事業部企画役
令和3年10月	総務省情報流通行政局郵政行政部信書便事業課長
令和4年7月	総務省国際戦略局国際協力課長

総務省国際戦略局参事官

菱 田 光 洋 (ひしだ みつひろ)

昭和46年6月18日生. 広島県出身.
東京大学法学部

平成6年4月	郵政省入省
平成23年8月	総務省情報通信国際戦略局国際経済課企画官
平成24年8月	総務省情報通信国際戦略局国際経済課多国間経済室長
平成25年7月	兼 内閣官房副長官補付企画官 兼 TPP政府対策本部交渉官
平成29年7月	国立研究開発法人情報通信研究機構オープンイノベーション推進本部デプロイメント推進部門長
令和元年7月	総務省国際戦略局国際経済課長
令和3年7月	総務省国際戦略局参事官 併任 国際経済課長
令和3年10月	総務省国際戦略局参事官 併任 国際経済課多国間経済室

総務省情報流通行政局長
Director-General of the Information and
Communications Bureau

小笠原　陽　一（おがさわら　よういち）

昭和38年7月6日生．東京都出身．
国立筑波大学附属駒場高校，東京大学法学部

昭和63年4月	郵政省入省（官房人事局要員訓練課）
平成14年7月	総務省大臣官房企画課課長補佐
平成15年10月	総務省情報通信政策局地上放送課デジタル放送推進官
平成16年7月	総務省情報通信政策局放送政策課企画官
平成18年8月	総務省情報通信政策局コンテンツ流通促進室長
平成19年10月	総務省情報通信政策局情報通信作品振興課長
平成20年7月	総務省情報流通行政局情報通信作品振興課長
平成21年7月	総務省情報通信国際戦略局通信規格課長
平成23年7月	総務省情報流通行政局衛星・地域放送課長
平成25年6月	総務省情報流通行政局情報流通振興課長
平成26年1月	総務省情報通信国際戦略局情報通信政策課
平成29年7月	総務省総合通信基盤局総務課長
平成30年7月	総務省大臣官房企画課長 命 国立国会図書館支部総務省図書館長
令和元年7月	経済産業省大臣官房審議官（ＩＴ戦略担当）
令和3年7月	総務省関東総合通信局長
令和4年6月	総務省情報流通行政局長

総務省大臣官房審議官（情報流通行政局担当）
Deputy Director-General for Broadcasting

山　碕　良　志（やまざき　りょうじ）

昭和42年10月4日生. 愛知県出身.
愛知県立千種高等学校, 東京大学法学部

平成3年4月	郵政省入省
平成9年7月	福岡市総務企画局企画調整部課長（高度情報化担当）
平成19年10月	総務省郵政行政局企画課管理室長
平成20年7月	総務省情報通信国際戦略局情報通信政策課調査官
平成20年9月	総務大臣秘書官事務取扱
平成21年9月	総務省情報流通行政局郵政行政部企画課調査官
平成21年10月	内閣官房郵政改革推進室企画官
平成24年7月	総務省情報流通行政局情報流通振興課情報セキュリティ対策室長
平成26年1月	総務省情報流通行政局郵政行政部郵便課長
平成27年7月	総務省情報流通行政局地域通信振興課長
平成28年6月	総務省情報通信国際戦略局国際政策課長
平成29年9月	総務省国際戦略局国際政策課長
平成30年7月	総務省総合通信基盤局電気通信事業部事業政策課長
令和2年4月	総合通信基盤局電気通信事業部データ通信課長を併任
令和2年7月	総務省大臣官房参事官（秘書課担当）
令和4年6月	総務省大臣官房審議官（情報流通行政局担当）

総務省大臣官房審議官（情報流通行政局担当）
Deputy Director-General of the Information and Communications Bureau

植　村　　　哲（うえむら　さとし）

昭和44年 5 月 7 日生．東京都出身．
東京大学法学部

平成 4 年 4 月	自治省
平成11年 4 月	鹿児島県企画部離島振興課長
平成13年 4 月	鹿児島県商工観光労働部商工政策課長
平成14年 4 月	鹿児島県総務部財政課長
平成15年10月	総務省自治行政局公務員部公務員課給与能率推進室課長補佐
平成16年 7 月	在フランス日本国大使館
平成19年 7 月	総務省自治行政局公務員部公務員課理事官
平成22年 4 月	石川県企画振興部長 兼 都心地区整備構想推進室長
平成23年 7 月	石川県総務部長
平成25年 4 月	総務省自治行政局地域政策課国際室長
平成28年 7 月	総務省自治財政局公営企業課準公営企業室長
平成29年 4 月	京都市副市長
平成31年 4 月	総務省自治行政局公務員部福利課長
令和元年 7 月	総務省大臣官房参事官（秘書課担当）
令和 2 年 7 月	総務省自治行政局公務員部公務員課長
令和 3 年 7 月	総務省政治資金適正化委員会事務局長
令和 4 年 6 月	総務省大臣官房審議官（情報流通行政局担当）

情報流通
行政局

総務省情報流通行政局総務課長
Director, General Affairs Division

林　　弘　郷 （はやし　ひろさと）

昭和43年11月19日生．東京都出身．
東京大学法学部

平成 5 年	郵政省入省
平成17年	在大韓民国日本国大使館一等書記官
平成20年	総務省情報通信国際戦略局情報通信政策課参事官補佐
平成22年	総務省情報流通行政局放送政策課企画官
平成24年	内閣官房知的財産戦略推進事務局企画官
平成26年	総務省情報通信国際戦略局情報通信政策課情報通信経済室長
平成28年	総務省総合通信基盤局電波部電波環境課認証推進室長
平成29年	内閣府地方分権改革推進室参事官
令和 2 年 7 月	総務省情報流通行政局地上放送課長
令和 3 年 7 月	総務省総合通信基盤局総務課長
令和 4 年 6 月	総務省情報流通行政局総務課長

総務省情報流通行政局情報通信政策課長
Director, Information and Communications Policy Division

山　路　栄　作 （やまじ　えいさく）

昭和47年 1 月14日生．岡山県出身．
慶應義塾大学 経済学部

平成 6 年 4 月	郵政省入省
平成23年 7 月	総務省総合通信基盤局電気通信技術システム課企画官 兼 安全・信頼性対策室長
平成24年 7 月	独立行政法人情報通信研究機構北米連携センター長
平成26年 7 月	総務省情報通信国際戦略局情報通信政策課調査官
平成28年 6 月	内閣官房内閣参事官（内閣官房副長官補付）命 内閣官房情報通信技術（ＩＴ）総合戦略室参事官
平成30年 7 月	総務省総合通信基盤局データ通信課長
令和元年10月	内閣官房内閣参事官（国家安全保障局）を併任
令和 2 年 4 月	総務省総合通信基盤局データ通信課長の併任解除
令和 4 年 6 月	総務省情報流通行政局情報通信政策課長

総務省情報流通行政局情報流通振興課長
Director, Digital Inclusion and Accessibility Division

田　邊　光　男 (たなべ　みつお)
千葉県出身.

平成 7 年 4 月	郵政省入省
令和 3 年 9 月	デジタル庁統括官付参事官等
令和 4 年 6 月	総務省情報流通行政局情報流通振興課長

総務省情報流通行政局情報通信作品振興課長
Director, Promotion for Content Distribution Division

井　田　俊　輔 (いだ　しゅんすけ)
昭和49年 5 月21日生. 神奈川県出身.
東京大学法学部

平成 9 年 4 月	郵政省採用
平成19年 4 月	総務省情報通信政策局衛星放送課課長補佐
平成21年 6 月	在フランス日本国大使館一等書記官
平成24年 7 月	総務省情報流通行政局放送政策課課長補佐
平成26年 7 月	総務省情報流通行政局放送政策課企画官
平成28年 7 月	国立研究開発法人情報通信研究機構セキュリティ人材育成研究センターシニアマネージャー
平成29年 4 月	国立研究開発法人情報通信研究機構ナショナルサイバートレーニングセンター副センター長
平成30年 7 月	内閣官房内閣サイバーセキュリティセンター企画官
令和 2 年 7 月	総務省情報流通行政局地域通信振興課デジタル経済推進室長
令和 3 年 7 月	総務省情報流通行政局情報通信作品振興課長

行政局 情報流通

総務省情報流通行政局地域通信振興課長 併任 沖縄情報通信振興室長
Director, Regional Communications Development Division

折 笠 史 典（おりかさ　ふみのり）
昭和52年 2 月24日生.
東京大学法学部

平成11年 4 月　郵政省入省
平成28年 7 月　復興庁統括官付参事官付企画官
平成30年 8 月　文部科学省初等中等教育局情報教育・外国語教育課情報
　　　　　　　教育振興室長
令和 2 年 7 月　総務省総合通信基盤局電波部電波環境課認証推進室長
令和 3 年 9 月　内閣官房国家安全保障局企画官 併任 内閣官房副長官補
　　　　　　　付企画官 命 内閣官房経済安全保障法制準備室企画官 併
　　　　　　　任 内閣府経済安全保障法制準備室企画官
令和 4 年 6 月　総務省情報流通行政局地域通信振興課長 併任 沖縄情報
　　　　　　　通信振興室長

総務省情報流通行政局放送政策課長
Director, Broadcasting Policy Division

飯 倉 主 税（いいくら　ちから）
昭和47年 1 月 8 日生.　大阪府出身.
京都大学経済学部

平成 7 年 4 月　郵政省採用
平成13年 7 月　総務省総合通信基盤局電気通信事業部料金サービス課課
　　　　　　　長補佐
平成17年 8 月　和歌山県企画部 I T推進局情報政策課長
平成18年 9 月　総務副大臣秘書官
平成20年 8 月　総務省情報流通行政局地上放送課課長補佐
平成24年12月　総務大臣秘書官
平成27年 7 月　総務省情報流通行政局放送政策課企画官
平成29年 7 月　総務省情報流通行政局情報通信政策課調査官
令和 2 年 7 月　総務省情報流通行政局情報流通振興課長
令和 3 年 7 月　総務省情報流通行政局放送政策課長

総務省情報流通行政局放送技術課長
Director, Broadcasting Technology Division

翁　長　　久（おなが　ひさし）

平成 5 年 4 月	郵政省入省
平成20年 7 月	総務省情報通信国際戦略局技術政策課統括補佐
平成21年 7 月	国立大学法人東京大学先端科学技術研究センター特任准教授
平成24年 7 月	総務省情報通信国際戦略局技術政策課企画官
平成25年 7 月	独立行政法人情報通信研究機構経営企画部統括
平成27年 8 月	総務省沖縄総合通信事務所次長
平成29年 7 月	総務省国際戦略局宇宙通信政策課長
平成30年 7 月	内閣官房
令和 2 年 7 月	総務省総合通信基盤局電波部移動通信課長
令和 4 年 6 月	総務省情報流通行政局放送技術課長

総務省情報流通行政局地上放送課長
Director, Terrestrial Broadcasting Division

松　井　正　幸（まつい　まさゆき）

千葉県出身.
東京大学法学部

平成 8 年 4 月	郵政省入省
平成14年 7 月	経済協力開発機構（ＯＥＣＤ）事務局
平成18年 4 月	内閣官房副長官補室参事官補佐
平成25年 7 月	総務省総合通信基盤局消費者行政課電気通信利用者情報政策室長
平成26年 9 月	総務大臣秘書官事務取扱
平成29年 8 月	総務省総合通信基盤局電気通信事業部事業政策課市場評価企画官 兼 電気通信技術システム課安全・信頼性対策室企画官
平成30年 6 月	在アメリカ合衆国日本国大使館参事官
令和 3 年 7 月	総務省情報流通行政局情報流通振興課長
令和 4 年 6 月	総務省情報流通行政局地上放送課長

総務省情報流通行政局衛星・地域放送課長
Director, Satellite and Regional Broadcasting Division

安 東 高 徳（あんどう　たかのり）

昭和46年7月生．大阪府出身．
大阪府立北野高校，東京大学法学部，
英LSE大学大学院（MPA）

平成8年4月	郵政省入省（大臣官房人事部管理課）
平成14年7月	内閣官房知的財産戦略推進事務局参事官補佐
平成16年7月	総務省情報通信政策局情報通信政策課コンテンツ流通促進室課長補佐
平成18年5月	在ジュネーブ国際機関日本政府代表部一等書記官
平成21年7月	総務省総合通信基盤局電気通信事業部料金サービス課課長補佐
平成24年7月	総務省情報通信国際戦略局情報通信政策課統括補佐
平成25年8月	佐賀県鳥栖市役所副市長
平成28年7月	総務省総合通信基盤局電気通信事業部事業政策課調査官
平成30年7月	総務省総合通信基盤局電気通信事業部電気通信技術システム課番号企画室長
令和元年7月	内閣官房デジタル市場競争本部事務局参事官
令和3年7月	総務省情報流通行政局衛星・地域放送課長

総務省情報流通行政局参事官

高 村　　信（たかむら　しん）

昭和45年5月23日生．東京都出身．
開成高校，早稲田大学理工学部電気工学科，
早稲田大学大学院理工学研究科電気工学専攻

平成8年4月	郵政省入省
平成15年8月	総務省情報通信政策局情報セキュリティ対策室課長補佐兼 内閣官房情報セキュリティ対策推進室（内閣官房情報セキュリティセンター）
平成18年7月	総務省総合通信基盤局データ通信課課長補佐
平成20年7月	総務省総合通信基盤局事業政策課課長補佐
平成22年7月	総務省情報通信国際戦略局研究推進室課長補佐
平成24年8月	総務省情報通信国際戦略局技術政策課統括補佐
平成26年8月	独立行政法人情報通信研究機構経営企画部シニアマネージャ
平成28年7月	総務省情報通信国際戦略局国際戦略企画官 兼 総合通信基盤局データ通信課企画官
平成30年7月	総務省国際戦略局技術政策課研究推進室長 兼 内閣府政策統括官（科学技術・イノベーション担当）付
令和2年7月	総務省サイバーセキュリティ統括官付参事官（政策担当）
令和4年7月	総務省情報流通行政局参事官

総務省情報流通行政局郵政行政部長

Director-General of the Postal Services Policy Planning Department

藤　野　　　克（ふじの　まさる）

早稲田大学政治経済学部政治学科,
シカゴ大学修士（社会科学）, 早稲田大学博士（学術）

平成2年4月	郵政省入省
平成20年	外務省在米国日本国大使館参事官
平成24年7月	総務省情報流通行政局郵政行政部貯金保険課長（併：内閣官房内閣参事官（内閣官房副長官補付）命　内閣官房郵政改革推進室参事官）
平成26年7月	総務省情報流通行政局地上放送課長
平成28年6月	総務省総合通信基盤局電気通信事業部料金サービス課長
平成30年7月	総務省国際戦略局総務課長
令和元年7月	総務省大臣官房企画課長
令和2年7月	総務省大臣官房審議官（国際技術、サイバーセキュリティ担当）併任　内閣官房内閣審議官（内閣官房副長官補付）命　内閣官房情報通信技術（IT）総合戦略室長代理（副政府CIO）
令和3年2月	大臣官房審議官（情報流通行政局担当）を併任
令和3年7月	総務省大臣官房審議官（国際技術、サイバーセキュリティ、情報流通行政局担当）
令和3年10月	総務省大臣官房審議官（情報流通行政局担当）
令和4年6月	総務省情報流通行政局郵政行政部長

主要著書　『電気通信事業法逐条解説』（共編著）（電気通信振興会　平成20年）、『インターネットに自由はあるか』（単著）（中央経済社　平成24年）、『電気通信事業法逐条解説改訂版』（共編著・改訂）（情報通信振興会　令和元年）

情報流通
行政局

総務省情報流通行政局郵政行政部企画課長
Director, Planning Division

松 田 昇 剛 （まつだ　しょうごう）

昭和46年9月27日生．京都府出身．
洛南高校，大阪大学法学部

平成7年4月　郵政省入省　平成7年6月　郵政省放送行政局放送政策
課　平成10年6月　郵政省通信政策局政策課制度係長　平成13年4月
岡山市情報政策課長　平成15年4月　岡山市情報政策部長
平成16年4月　　総務省郵政行政局保険企画課課長補佐
平成17年4月　　総務省郵政行政局総務課総合企画室課長補佐
平成18年9月　　総務省大臣官房秘書課秘書専門官（田村憲久副大臣付）
平成19年8月　　総務省総合通信基盤局電気通信事業部事業政策課課長補佐
平成21年7月　　総務省情報流通行政局情報流通振興課統括補佐
平成24年7月　　総務省大臣官房総務課課長補佐
平成25年7月　　内閣府政策統括官（沖縄政策）付企画官
平成27年7月　　内閣官房情報通信技術（ＩＴ）総合戦略室企画官
平成29年7月　　総務省情報流通行政局地方情報化推進室長
令和元年7月　　内閣官房まち・ひと・しごと創生本部事務局内閣参事官
令和3年7月　　総務省情報流通行政局郵政行政部郵便課長
令和4年6月　　総務省情報流通行政局郵政行政部企画課長

総務省情報流通行政局郵政行政部貯金保険課長
Director, Savings & Insurance Services Division

小 林 知 也 （こばやし　ともや）

平成9年4月　郵政省入省
令和2年4月　日本郵便株式会社あきる野郵便局長
令和3年4月　日本郵便株式会社経営企画部企画役
令和3年7月　総務省情報流通行政局郵政行政部貯金保険課長

総務省情報流通行政局郵政行政部信書便事業課長
Director, Correspondence Delivery Business Division

藤 井 信 英 (ふじい　のぶひで)

昭和52年 7 月 8 日生．岐阜県出身．
東京大学経済学部

平成12年 4 月	郵政省入省
平成29年 7 月	内閣府政策統括官（沖縄政策担当）付参事官（企画担当）付企画官
令和元年 7 月	総務省情報流通行政局情報通信政策課情報通信経済室長
令和 3 年 7 月	総務省情報流通行政局情報流通振興課デジタル企業行動室長
令和 4 年 7 月	総務省情報流通行政局郵政行政部信書便事業課長

新型コロナウイルス感染症対策関連経費の状況（財源内訳）（単位　億円・%）

区　　　分	純　計　額		都道府県		市　町　村	
国 庫 支 出 金	200,606	78.3	53,121	52.5	147,485	91.2
都 道 府 県 支 出 金	－	－	－	－	2,291	1.4
地 方 債	3,110	1.2	2,846	2.8	264	0.2
そ の 他 の 収 入	45,451	17.7	42,067	41.6	7,693	4.8
一 般 財 源	7,169	2.8	3,176	3.1	3,994	2.5
合 計	256,336	100.0	101,210	100.0	161,726	100.0

行政局　情報流通局

「令和 4 年版地方財政白書」より

総務省総合通信基盤局長
Director‑General of the Telecommunications
Bureau

竹 村 晃 一（たけむら　こういち）

昭和40年7月11日生.　兵庫県出身.
武蔵高等学校，東京大学経済学部

平成元年4月	郵政省入省（大臣官房企画課）
平成4年6月	米国留学（ミシガン大学大学院）
平成5年7月	郵政省通信政策局政策課係長
平成7年7月	仙台市役所
平成9年7月	郵政省通信政策局地域通信振興課課長補佐
平成11年7月	郵政省簡易保険局資金運用課課長補佐
平成13年1月	総務省郵政企画管理局保険経営計画課課長補佐
平成14年8月	総務省郵政企画管理局保険企画課課長補佐
平成16年4月	総務省総合通信基盤局電波部移動通信課ITS推進官
平成17年8月	総務省総合通信基盤局電波部電波政策課企画官
平成19年10月	金融庁監督局郵便貯金・保険監督参事官室企画官
平成20年7月	総務省情報通信国際戦略局情報通信政策課調査官
平成21年7月	内閣官房内閣参事官（IT担当室）
平成23年7月	総務省情報流通行政局情報通信作品振興課長
平成25年6月	総務省総合通信基盤局電気通信事業部料金サービス課長
平成28年6月	総務省総合通信基盤局電気通信事業部事業政策課長
平成30年7月	総務省総合通信基盤局総務課長
令和元年7月	総務省総合通信基盤局電気通信事業部長
令和2年7月	総務省大臣官房総括審議官（情報通信担当）
令和4年6月	総務省総合通信基盤局長

総務省総合通信基盤局総務課長

近 藤 玲 子（こんどう　れいこ）

神戸女学院高等学部,
東京大学大学院理学系研究科情報科学専攻,
スタンフォード大学大学院（ＭＢＡ）

平成 5 年 4 月	郵政省入省
平成23年 7 月	内閣官房情報セキュリティセンター企画調整官
平成26年 8 月	総務省情報流通行政局放送技術課技術企画官
平成28年 7 月	総務省総合通信基盤局電波部基幹・衛星移動通信課重要無線室長
平成29年 7 月	総務省総合通信基盤局電波部電波環境課長
平成30年 7 月	総務省サイバーセキュリティ統括官付参事官（国際担当）
令和 2 年 7 月	総務省国際戦略局通信規格課長
令和 3 年 7 月	総務省情報流通行政局放送技術課長
令和 4 年 6 月	総務省総合通信基盤局総務課長

IT関連の消費電力予測

IT関連消費電力予測	2016年	2030年	2050年
IPトラフィック（ZB/年）	4.7	170	20,200
消費電力（国内：TWh/年）	41	1,480	176,200
消費電力（世界：TWh/年）	1,170	42,300	5,030,000

（出典）国立研究開発法人科学技術振興機構低炭素社会戦略センター（2019）
「情報化社会の進展がエネルギー消費に与える影響（Vol.1）―IT機器の消費電力の現状と将来予測―」[*10]

総合通信基盤局

総務省総合通信基盤局電気通信事業部長
Director-General of the Telecommunications
Business Department

木 村 公 彦（きむら　きみひこ）

昭和44年4月8日生．大阪府出身．
一橋大学経済学部

平成4年4月	郵政省入省
平成16年1月	総務省総合通信基盤局電気通信事業部料金サービス課課長補佐
平成17年8月	総務省総合通信基盤局電気通信事業部事業政策課課長補佐（統括補佐）
平成18年8月	独立行政法人情報通信研究機構ワシントン事務所長
平成21年7月	総務省総合通信基盤局電気通信事業部事業政策課調査官
平成24年8月	警察庁長官官房国際課国際協力室長 兼 刑事局組織犯罪対策部付
平成26年7月	総務省情報通信国際戦略局国際協力課長
平成29年7月	総務省情報流通行政局サイバーセキュリティ課長
平成30年7月	総務省サイバーセキュリティ統括官付参事官（総括担当）
令和元年7月	内閣官房内閣参事官（内閣官房副長官補付）命 内閣官房情報通信技術（IT）総合戦略室次長
令和3年7月	総務省総合通信基盤局電気通信事業部事業政策課長
令和4年6月	総務省総合通信基盤局電気通信事業部長

総務省総合通信基盤局電気通信事業部事業政策課長
Director Telecommunications Policy Division

飯 村 博 之（いいむら　ひろゆき）

昭和46年7月9日生．埼玉県出身．
東京大学法学部

平成7年4月	郵政省入省
平成18年7月	総務省総合通信基盤局電気通信事業部料金サービス課課長補佐
平成21年7月	総務省総合通信基盤局電気通信事業部事業政策課統括補佐
平成23年7月	総務省総合通信基盤局総務課統括補佐
平成24年7月	総務省情報通信国際戦略局情報通信政策課調査官
平成24年10月	総務大臣秘書官
平成24年12月	総務省総合通信基盤局電気通信事業部電気通信技術システム課安全・信頼性対策室長
平成26年7月	総務省総合通信基盤局電気通信事業部事業政策課企画官
平成28年7月	総務省情報流通行政局衛星・地域放送課地域放送推進室長
平成29年7月	内閣法制局参事官（第三部）
令和4年6月	総務省総合通信基盤局電気通信事業部事業政策課長

総務省総合通信基盤局電気通信事業部料金サービス課長
Director, Tariff Division

片 桐 義 博（かたぎり　よしひろ）

昭和47年4月28日生．神奈川県出身．
桐蔭学園高校，東京大学法学部，
London School of Economics and Political Science

平成8年4月　郵政省入省　平成11年7月　豊川郵便局郵便課長　平成12年7月　電気通信局総務課総括係長　平成14年8月　内閣府本府総合規制改革会議事務室室長補佐　平成16年7月　総合通信基盤局電気通信事業部料金サービス課課長補佐　平成19年6月　外務省経済協力開発機構日本政府代表部一等書記官　平成22年7月　総合通信基盤局電気通信事業部事業政策課課長補佐　平成23年7月　情報通信国際戦略局国際政策課統括補佐　平成25年7月　総合通信基盤局電気通信事業部料金サービス課企画官　平成27年7月　国立研究開発法人情報通信研究機構国際推進部門北米連携センター長

平成30年4月	総合通信基盤局電波部電波環境課認証推進室長　併任　電波政策課
令和元年7月	総合通信基盤局電波部電波政策課企画官
令和2年7月	総合通信基盤局電気通信事業部消費者行政第一課長
令和4年6月	総務省総合通信基盤局電気通信事業部料金サービス課長

総務省総合通信基盤局電気通信事業部データ通信課長
Director, Computer Communications Division

西　潟　暢　央（にしがた　のぶひさ）

神奈川県出身.
駒場東邦高校，東京大学農学部，
ピータードラッカー経営大学院（ＭＢＡ）

平成11年4月	郵政省入省
平成26年7月	総務省情報流通行政局放送政策課統括補佐
平成27年7月	総務省情報通信国際戦略局情報通信政策課統括補佐
平成29年7月	経済協力開発機構
令和3年7月	総務省情報流通行政局情報通信政策課企画官
令和4年6月	総務省総合通信基盤局電気通信事業部データ通信課長

総務省総合通信基盤局電気通信事業部電気通信技術システム課長
Director, Telecommunication Systems Division

山　口　真　吾（やまぐち　しんご）

神奈川県出身.
神奈川県立厚木高校，早稲田大学理工学部，
City, University of London修士課程

平成7年	郵政省入省
平成19年	総務省情報通信政策局放送技術課課長補佐
平成22年	総務省情報通信国際戦略局技術政策課統括補佐
平成24年	総務省情報通信国際戦略局国際経済課企画官
平成27年	総務省情報通信国際戦略局技術政策課企画官
平成29年	慶應義塾大学環境情報学部准教授
令和2年	国立研究開発法人情報通信研究機構国際連携推進室長
令和3年	総務省国際戦略局宇宙通信政策課長
令和4年	総務省総合通信基盤局電気通信事業部電気通信技術システム課長

総務省総合通信基盤局電気通信事業部消費者行政第一課長
Director, First Telecommunications Consumer Policy Division

廣 瀬 照 隆 （ひろせ　てるたか）

昭和43年3月26日生．東京都出身．B型
東京都立忍岡高等学校，獨協大学

平成2年4月	郵政省入省
平成17年7月	総務省情報流通行政局放送政策課課長補佐
平成20年7月	総務省情報通信国際戦略局情報通信政策課課長補佐
平成23年7月	総務省総合通信基盤局電気通信事業部料金サービス課課長補佐
平成26年7月	外務省在ブラジル日本国大使館一等書記官
平成29年7月	総務省総合通信基盤局電気通信事業部事業政策課課長補佐
平成30年8月	総務省総合通信基盤局電気通信事業部電気通信技術システム課安全・信頼性対策室長
平成30年10月	総務省総合通信基盤局電気通信事業部事業政策課企画官
令和元年7月	総務省総合通信基盤局電気通信事業部電気通信技術システム課番号企画室長
令和2年7月	総務省情報流通行政局衛星・地域放送課地域放送推進室長
令和4年6月	総務省総合通信基盤局電気通信事業部消費者行政第一課長

趣味　ツーリング，ゴルフ

総務省総合通信基盤局電気通信事業部消費者行政第二課長
Director, Second Telecommunications Consumer Policy Division

井 上　　 淳 （いのうえ　じゅん）

昭和48年1月5日生．大分県出身．
聖光学院，東京大学経済学部

平成8年4月	郵政省入省
令和2年7月	内閣官房内閣参事官（内閣広報室）
令和4年7月	総務省総合通信基盤局電気通信事業部消費者行政第二課長

総務省総合通信基盤局電波部長
Director-General of the Radio Department

豊 嶋 基 暢（とよしま　もとのぶ）
昭和42年12月生．北海道出身．
京都大学法学部

平成 3 年 4 月	郵政省入省
平成 8 年 7 月	釧路西郵便局長
平成 9 年 7 月	郵政省電気通信局電気通信事業部事業政策課補佐
平成12年 7 月	郵政総括政務次官秘書官事務取扱
平成13年 1 月	総務副大臣秘書官事務取扱
平成14年 1 月	総務省郵政企画管理局保険企画課補佐
平成15年 2 月	総務省総合通信基盤局電波部電波政策課補佐
平成17年 8 月	総務省総合通信基盤局総務課補佐（統括補佐）
平成19年 4 月	慶應義塾大学メデイアコミュニケーション研究所准教授
平成22年 4 月	総務省総合通信基盤局電波部移動通信課高度道路交通システム推進官
平成25年 8 月	文部科学省生涯学習政策局情報教育課長
平成27年 8 月	総務省情報流通行政局情報通信作品振興課長
平成30年 7 月	総務省総合通信基盤局電波部基幹・衛星移動通信課長 併任 消防庁国民保護・防災部参事官
令和元年 7 月	総務省情報流通行政局放送政策課長
令和 2 年 7 月	総務省情報流通行政局情報通信政策課長
令和 3 年 7 月	総務省北海道総合通信局長
令和 4 年 6 月	総務省総合通信基盤局電波部長

総務省総合通信基盤局電波部電波政策課長

荻 原 直 彦（おぎはら　なおひこ）

昭和42年11月30日生．東京都出身．B型
桐朋高等学校，東北大学工学部情報工学科，
東北大学大学院工学研究科

平成 4 年 4 月	郵政省入省
平成21年 7 月	総務省情報流通行政局衛星・地域放送課技術企画官
平成22年 7 月	総務省総合通信基盤局電波部電波政策課電波利用料企画室長
平成25年 6 月	総務省情報通信国際戦略局技術政策課研究推進室長
平成28年 7 月	総務省総合通信基盤局電気通信事業部電気通信技術システム課長
平成30年 7 月	総務省総合通信基盤局電波部移動通信課長
令和 2 年 7 月	総務省情報流通行政局放送技術課長
令和 3 年 7 月	総務省総合通信基盤局電波部電波政策課長

総務省総合通信基盤局電波部基幹・衛星移動通信課長

田 口 幸 信（たぐち　ゆきのぶ）

昭和39年 4 月生．滋賀県出身．
滋賀県立守山高校

昭和60年 4 月	郵政省入省（近畿電気通信監理局）
昭和63年 6 月	郵政省放送行政局有線放送課
平成 7 年 7 月	郵政省電気通信局移動通信課
平成 9 年 6 月	郵政省大臣官房総務課行政改革室
平成10年 7 月	放送大学学園放送部企画管理課企画係長
平成12年 7 月	郵政省電気通信局総務課総務係長
平成14年 7 月	総務省総合通信基盤局高度通信網振興課専門職
平成15年 7 月	総務省大臣官房秘書課総務係長
平成17年 8 月	総務省情報通信政策研究所教官
平成19年 7 月	総務省総合通信基盤局事業政策課調整係長
平成21年 4 月	国立情報学研究所研究促進課長
平成24年 7 月	総務省大臣官房秘書課長補佐
令和元年 7 月	総務省信越総合通信局総務部長
令和 2 年 8 月	総務省大臣官房秘書課調査官
令和 4 年 6 月	総務省総合通信基盤局電波部基幹・衛星移動通信課長

総
合
通
信
基
盤
局

総務省総合通信基盤局電波部移動通信課長
Director Land Mobile Communications Division

中　村　裕　治（なかむら　ゆうじ）

昭和44年10月12日生．神奈川県出身．
東北大学大学院修了

平成 7 年 4 月	郵政省入省
平成22年 7 月	総務省総合通信基盤局電波部電波政策課長補佐
平成23年 7 月	総務省情報通信国際戦略局融合戦略企画官
平成26年 8 月	総務省情報流通行政局総務課調査官
平成27年 8 月	総務省総合通信基盤局電波部移動通信課新世代移動通信システム推進室長 兼 高度道路交通システム推進室長
平成29年 7 月	総務省総合通信基盤局電波部電波政策課電波利用料企画室長
令和元年 7 月	総務省総合通信基盤局電気通信事業部電気通信技術システム課長
令和 2 年 7 月	内閣官房内閣参事官（内閣サイバーセキュリティセンター）併任 内閣官房副長官補付 命 内閣官房東京オリンピック競技大会・東京パラリンピック競技大会推進本部事務局参事官
令和 4 年 6 月	総務省総合通信基盤局電波部移動通信課長

総務省総合通信基盤局電波部電波環境課長
Director, Electromagnetic Environment Division

堀　内　隆　広（ほりうち　たかひろ）

千葉県出身．
千葉県立千葉高校，東京大学経済学部

平成 9 年 4 月	郵政省入省
平成25年 7 月	総務省総合通信基盤局電気通信事業部事業政策課統括補佐
平成26年 8 月	総務省総合通信基盤局電気通信事業部電気通信技術システム課番号企画室長
平成27年 7 月	総務省総合通信基盤局電気通信事業部事業政策課調査官
平成28年 7 月	総務省総合通信基盤局電気通信事業部事業政策課市場評価企画官
平成29年 8 月	総務大臣秘書官事務取扱
平成30年10月	総務省情報流通行政局放送政策課企画官
令和 2 年 7 月	総務省情報流通行政局情報通信政策課調査官
令和 3 年 7 月	総務省情報流通行政局地上放送課長
令和 4 年 6 月	総務省総合通信基盤局電波部電波環境課長

総務省統計局長

Director-General,Statistics Bureau

井 上　　卓（いのうえ　たかし）

昭和39年7月29日生．大阪府出身．
大阪府立高津高校，東京大学経済学部経済学科

昭和63年4月	総理府入府（行政監察局監察官付）
平成7年4月	総務庁青少年対策本部企画調整課課長補佐
平成7年7月	総務庁青少年対策本部国際交流復興担当参事官補佐
平成9年6月	内閣官房内閣安全保障室 併任 総理府大臣官房安全保障室参事官補
平成10年4月	内閣官房内閣安全保障・危機管理室 併任 大臣官房安全保障・危機管理室参事官補
平成11年7月	総理府大臣官房総理大臣官邸事務所長付秘書専門官 命 内閣官房副長官付 併任 内閣官房内閣参事官室
平成13年1月	内閣官房内閣総務官室 命 内閣副参事官
平成15年7月	内閣府男女共同参画局推進課配偶者間暴力対策調整官
平成17年4月	国土交通省河川局砂防部砂防計画課砂防管理室長
平成19年7月	内閣府大臣官房政策評価広報課長 併任 大臣官房参事官（総務課担当）
平成20年3月	日本学術会議事務局企画課長 命 国立国会図書館支部日本学術会議図書館長
平成21年7月	日本学術会議事務局企画課長
平成22年7月	総務省統計局統計調査部経済統計課長
平成24年9月	総務省統計局統計調査部調査企画課長
平成26年7月	総務省統計局総務課長
平成29年4月	独立行政法人統計センター理事
平成31年4月	総務省統計研修所長
令和元年7月	総務省統計局統計調査部長
令和3年7月	総務省統計局長

総務省統計局統計高度利用特別研究官

佐 伯 修 司（さいき　しゅうじ）

昭和36年9月22日生．愛媛県出身．
東京大学法学部

昭和61年4月	総理府入府
平成13年7月	総務省行政評価局総務課企画官
平成14年6月	道路関係四公団民営化推進委員会事務局企画官
平成16年1月	道路関係四公団民営化推進委員会事務局参事官
平成16年7月	独立行政法人統計センター総務部総務課長 兼 経営企画室長
平成18年8月	内閣官房内閣参事官（内閣官房副長官補付）命 内閣官房行政改革推進室参事官（公益法人制度改革担当）
平成19年4月	内閣府公益認定等委員会事務局参事官
平成20年10月	内閣府公益認定等委員会事務局総務課長
平成22年1月	総務省行政評価局政策評価官
平成23年4月	内閣府本府地域主権戦略室参事官
平成25年1月	内閣府本府地方分権改革推進室参事官
平成25年7月	総務省統計局総務課長
平成26年7月	総務省大臣官房秘書課長
平成27年7月	総務省大臣官房審議官（大臣官房調整部門、行政管理局担当）
平成28年4月	総務省大臣官房審議官（大臣官房調整部門、行政管理局、統計局担当）
平成28年6月	総務省大臣官房審議官（大臣官房調整部門、統計局、統計情報戦略推進担当）
平成29年7月	総務省統計局統計調査部長
令和元年7月	総務省統計局長 併任 統計研究研修所長
令和2年7月	併任解除
令和3年7月	総務省統計局統計高度利用特別研究官

総務省統計局総務課長

Director,General Affairs Division,Statistics Bureau

阿　向　泰二郎（あこう　たいじろう）

昭和45年8月3日生．熊本県天草市出身．AB型
熊本県立済々黌高校，九州大学

平成5年4月　総務庁入庁　平成13年1月　総務省大臣官房企画課課長
補佐　平成15年7月　総務省行政管理局副管理官　平成16年7月　総務
省統計局参事官補佐　平成19年7月　総務省統計局総務課課長補佐　平
成20年4月　独立行政法人統計センター総務部経営企画室企画監　平成
20年7月　独立行政法人統計センター総務部総務課長　平成23年7月
総務省行政管理局企画調整課企画官　平成25年6月　内閣官房副長官補
付企画官 命 情報通信技術（IT）総合戦略室企画官　平成26年5月
総務省行政管理局管理官（政府情報システム基盤）併：行政管理局行政
情報システム企画課（併：内閣官房（内閣官房副長官付）併：内閣官
房情報通信技術（IT）総合戦略室参事官）　平成27年7月　総務省統計
局統計情報システム課長　平成28年6月　総務省統計局統計調査部消費
統計課長　平成31年2月　総務省統計局統計調査部調査企画課長
令和元年7月　総務省統計局統計調査部国勢統計課長
令和3年7月　総務省大臣官房参事官 併任 総務課公文書監理室長
令和4年6月　総務省統計局総務課長

**総務省統計局統計情報利用推進課長 併任 統計作成プロセス改善推進室
次長（政策統括官付）併任 統計委員会担当室次長（政策統括官付）**

Director of Statistics Information Utilization Promotion Division
Statistics Bureau

上　田　聖（うえだ　せい）

昭和46年1月13日生．広島県出身．
東京理科大学大学院修了

平成7年4月　総務庁入庁　平成23年7月　独立行政法人統計センター
総務部総務課長　平成25年4月　独立行政法人統計センター経営企画室
長　平成25年6月　総務省統計局総務課調査官　平成26年7月　総務省
統計局統計調査部消費統計課物価統計室長　平成27年7月　総務省統計
審査官（政策統括官付）（併：内閣府大臣官房統計委員会担当室参事官）
平成28年4月　総務省統計審査官（政策統括官付）（併：総務省統計委員
会担当室次長）　令和元年7月　総務省大臣官房付 併任 政策統括官付 併
任 統計改革実行推進室参事官（政策統括官付）併任 統計委員会担当室次
長　内閣官房副長官補付 命 内閣官房統計改革推進
室参事官　令和2年7月　総務省統計局統計調査部経済統計課長
令和4年6月　総務省統計局統計情報利用推進課長 併任 統計作成プロ
セス改善推進室次長（政策統括官付）併任 統計委員会担
当室次長（政策統括官付）

総務省統計局統計情報システム管理官 併任 独立行政法人統計センター 統計技術・提供部長

Director for Management of Statistical Information Systems
Statistics Bureau

槙 田 直 木（まきた　なおき）

昭和45年3月5日生．新潟県出身．
東京大学理学部数学科

平成4年4月　総務庁入庁　平成19年7月　総務省統計局統計情報システム課企画官　平成21年1月　総務省大臣官房企画課企画官　平成23年10月　独立行政法人統計センター製表部統計作成支援課長　平成25年4月　独立行政法人統計センター統計情報・技術部統計作成支援課長　平成27年4月　独立行政法人統計センター統計編成部統計分類課長　平成27年8月　農林水産省大臣官房統計部統計企画管理官　平成28年6月　総務省国際統計管理官（政策統括官付）平成31年1月　総務省統計局統計情報システム管理官　平成31年4月　研究休職・滋賀大学データサイエンス学部教授　令和3年4月　総務省統計局統計情報システム管理官 併任 独立行政法人統計センター統計技術・提供部長

主要論文　Can mobile phone network data be used to estimate small area population? A comparison from Japan, Makita Naoki et al. Statistical Journal of the IAOS, vol.29, no.3, 2013、jSTAT MAP : A new geostatistics web service for small area census data and its impact, Makita, Naoki, Statistical Journal of the IAOS, vol.32, no.4, 2016

包括的データ戦略の概要

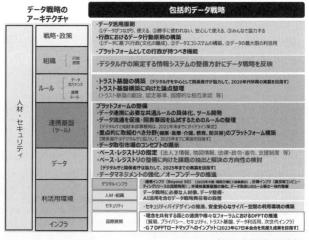

「令和4年版情報通信白書」より

総務省統計局統計調査部長
Director-General,Statistical Survey
Department,Statistics Bureau

岩 佐 哲 也 (いわさ　てつや)

昭和40年9月25日生. 長崎県出身.
私立青雲高校, 東京大学工学部

平成2年4月	総務庁入庁
平成9年6月	青少年対策本部国際交流振興担当参事官補佐
平成13年1月	内閣府男女共同参画局総務課課長補佐（総括・企画調整担当）
平成14年7月	総務省行政管理局行政情報システム企画課課長補佐（総括担当）
平成17年8月	内閣府本府規制改革・民間開放推進室企画官
平成19年7月	総務省大臣官房企画課企画官
平成21年1月	総務省統計局統計調査部経済統計課長
平成21年4月	総務省統計局統計調査部経済基本構造統計課長
平成24年4月	総務省統計局統計調査部国勢統計課長
平成28年6月	総務省大臣官房参事官（総務課担当）
平成29年4月	総務省統計局総務課長 併任 統計作成支援課長
平成31年4月	総務省統計局総務課長 併任 事業所情報管理課長
令和元年7月	総務省大臣官房審議官（統計局、統計基準、統計情報戦略推進担当）命 統計改革実行推進室次長 併任 統計局総務課長
令和元年10月	統計局総務課長の併任解除
令和3年7月	総務省統計局統計調査部長

総務省統計局統計調査部調査企画課長 併任 統計改革実行推進室参事官（政策統括官付）

Director of Survey Planning Division Statistical Survey Department
Statistics Bureau

重 里 佳 宏（じゅうり よしひろ）

昭和48年12月28日生．熊本県出身．
University College Londen

平成 8 年 4 月	総務庁入庁
平成27年 7 月	外務省在ジュネーブ国際機関日本政府代表部参事官
平成30年 8 月	総務省統計審査官（政策統括官付）併任 総務省統計改革実行推進室参事官（政策統括官付）
平成31年 2 月	総務省統計局統計利用推進課長
平成31年 4 月	総務省統計局統計情報利用推進課長
令和元年 7 月	総務省統計局統計調査部経済統計課長
令和 2 年 7 月	総務省政策統括官付 併任 統計委員会担当室次長（政策統括官付）併任 内閣官房副長官補付 命 内閣官房統計改革推進室参事官
令和 3 年 7 月	統計作成プロセス改善推進室次長（政策統括官付）を併任
令和 4 年 6 月	総務省統計局統計調査部調査企画課長 併任 統計改革実行推進室参事官（政策統括官付）

総務省統計局統計調査部国勢統計課長

Director,Population Census Division Statistical Survey Department
Statistics Bureau

小 松　　 聖（こまつ さとる）

昭和45年10月 2 日生．千葉県出身．
千葉県立千葉東高等学校,
千葉大学大学院工学研究科

平成 8 年 4 月	総務庁入庁
平成18年 4 月	総務省統計局統計調査部経済統計課課長補佐
平成19年 7 月	総務省行政管理局行政情報システム企画課課長補佐
平成21年 7 月	総務省自治行政局地域政策課国際室課長補佐
平成22年 4 月	総務省統計局統計調査部調査企画課課長補佐
平成25年 6 月	独立行政法人統計センター総務部経営企画室長
平成27年 4 月	総務省受給・債権調査官（政策統括官付恩給業務管理官付）併任 総務省政策統括官付統計企画管理官付
平成27年 7 月	総務省統計局統計調査部消費統計課物価統計室長
平成29年 7 月	総務省統計局統計調査部経済統計課長
令和元年 7 月	総務省統計局統計調査部消費統計課長
令和 3 年 7 月	総務省統計局統計調査部国勢統計課長

総務省統計局統計調査部経済統計課長 併任 事業所情報管理課長 併任 統計調査部経済統計課経済センサス室長

Director, Economic Statistics Division, Statistical Survey Department Statistics Bureau

中 村 英 昭 （なかむら　ひであき）

昭和51年3月24日生.　千葉県出身.
東京大学理学部

平成11年4月	総務庁採用
平成26年7月	総務省統計局統計総務課長補佐
平成27年8月	総務省統計局統計調査部調査企画課調査官 併任 総務課
平成30年4月	総務省統計局統計調査部消費統計課物価統計室長
令和元年7月	総務省統計局統計調査部国勢統計課労働力人口統計室長
令和2年7月	総務省統計改革実行推進室参事官（政策統括官付）併任 内閣官房内閣参事官（内閣官房副長官補付）命 内閣官房統計改革推進室参事官
令和3年4月	総務省統計審査官（政策統括官付）併任 統計改革実行推進室参事官（政策統括官付）
令和4年6月	総務省統計局統計調査部経済統計課長 併任 事業所情報管理課長 併任 統計調査部経済統計課経済センサス室長

総務省統計局統計調査部消費統計課長

Director Consumer Statistics Division Statistical Survey Department Statistics Bureau

田 村 彰 浩 （たむら　あきひろ）

昭和50年9月18日生.　熊本県出身.
東京工業大学大学院理工学研究科

平成13年4月　総務省入省　平成20年4月　総務省大臣官房企画課情報システム室課長補佐　平成21年7月　総務省行政管理局行政情報システム企画課課長補佐　平成23年10月　総務省統計局統計調査部消費統計課長補佐　平成27年4月　総務省統計局統計調査部経済基本構造統計課課長補佐 併任 国勢統計課　平成28年4月　総務省国際統計管理官補佐（政策統括官付国際統計管理官付）　平成29年4月　総務省統計局統計調査部調査企画課課長補佐　平成30年4月　総務省統計局総務課調査官 併任 統計局統計調査部調査企画課課長補佐　平成30年7月　併任 統計局総務課課長補佐　令和元年7月　総務省統計局企画官（政策統括官付統計企画管理官付）併任 統計改革実行推進室企画官（政策統括官付）併任 内閣官房副長官補付企画官 命 内閣官房統計改革推進室企画官
令和2年4月　併任 統計委員会担当室企画官（政策統括官付）
令和2年7月　総務省統計局統計調査部国勢統計課労働力人口統計室長
令和3年7月　総務省統計局統計調査部消費統計課物価統計室長
令和4年6月　総務省統計局統計調査部消費統計課長

総務省政策統括官（統計制度担当）（恩給担当）
命 統計改革実行推進室長
Director-General for Policy Planning

阪 本 克 彦（さかもと　かつひこ）

昭和42年3月18日生．東京都出身．A型
国立東京学芸大学附属高校，東京大学経済学部経済学科

平成元年4月	総理府入府
平成7年3月	佐賀県警察本部生活安全部生活安全課長
平成9年7月	総務庁人事局参事官補佐
平成12年8月	総務庁行政管理局副管理官（独立行政法人、外務省）
平成14年5月	総務省行政評価局評価監視調査官（独立行政法人）
平成16年10月	総務省行政管理局調査官 兼 行政改革推進本部事務局企画官
平成17年10月	中馬国務大臣秘書官事務取扱（行政改革、規制改革、構造改革特区、地域再生、産業再生）
平成18年9月	総務省行政管理局企画調整課企画官
平成19年7月	総務省人事・恩給局公務員高齢対策課長
平成20年8月	国家公務員制度改革推進本部参事官
平成22年1月	総務省行政管理局管理官（行政改革、厚生労働、宮内、経済産業、環境）
平成23年4月	内閣官房内閣参事官（復興法案準備室）
平成23年6月	東日本大震災復興対策本部事務局参事官
平成24年2月	復興庁参事官
平成24年8月	総務省行政管理局管理官（外務、防衛、農林水産等）
平成25年6月	国家公務員制度改革事務局参事官
平成26年7月	総務省行政管理局企画調整課長
平成27年7月	内閣官房内閣参事官（内閣人事局）
平成29年1月	内閣官房内閣参事官（内閣人事局、統計改革推進室）
平成29年7月	総務省統計企画管理官 兼 内閣官房内閣参事官
平成30年7月	内閣官房内閣審議官 命 行政改革推進本部事務局次長 命 統計改革推進室長
平成31年1月	内閣官房内閣審議官 命 行政改革推進本部事務局次長 命 統計改革推進室長 兼 総務省政策統括官付
令和2年7月	総務省大臣官房政策立案総括審議官 併任 公文書監理官 兼 内閣官房内閣審議官 命 統計改革推進室次長
令和4年8月	総務省政策統括官（統計制度担当）（恩給担当）命 統計改革実行推進室長

総務省大臣官房審議官（統計局、統計制度、統計情報戦略推進、恩給担当）命 統計改革実行推進室次長

北　原　　久 （きたはら　ひさし）

東京都出身.
筑波大学附属高等学校，東京大学法学部，
イェール大学経営大学院

平成 2 年 4 月	総務庁入庁
平成17年 8 月	総務省大臣官房企画課企画官 併任 情報システム室長
平成18年 7 月	岐阜県警察本部警務部長
平成20年 7 月	総務省大臣官房参事官 併任 行政評価局
平成21年 7 月	総務省大臣官房参事官 併任 管理室長 併任 特別基金事業推進室長
平成24年 7 月	総務省行政管理局管理官
平成26年 5 月	併任 内閣人事局内閣参事官
平成27年 4 月	内閣官房内閣参事官（内閣官房副長官補付）
平成28年 4 月	総務省統計局統計調査部調査企画課長
平成29年 4 月	総務省大臣官房参事官（大臣官房総務課担当）
平成30年 7 月	総務省政策統括官（統計基準担当）付統計企画管理官 命 内閣官房統計改革推進室参事官
令和元年 7 月	内閣府公益認定等委員会事務局次長
令和 3 年 7 月	内閣府公益認定等委員会事務局長
令和 4 年 8 月	総務省大臣官房審議官（統計局、統計制度、統計情報戦略推進、恩給担当）命 統計改革実行推進室次長

総務省統計企画管理官（政策統括官付）併任 統計改革実行推進室参事官（政策統括官付）併任 統計作成プロセス改善推進室室長（政策統括官付）
Director for Statistical Planning

稲 垣 好 展（いながき よしのり）

昭和45年8月22日生．島根県出身．
島根県立松江南高校，東京大学法学部

平成5年4月 総理府入府 平成13年1月 総務省大臣官房管理室公益法人行政推進室参事官補 平成15年7月 総務省人事・恩給局参事官補佐 平成17年7月 財務省主計局調査課課長補佐 平成18年7月 財務省主計局主計官補佐（文部科学第五係主査）平成19年7月 総務省行政管理局副管理官（定員総括担当）平成21年4月 総務省行政管理局企画調整課企画官 平成23年7月 内閣府公益認定等委員会事務局企画官 併任 内閣府大臣官房公益法人行政担当室企画官 平成25年6月 総務省人事・恩給局参事官（人事評価、任用担当）平成26年5月 内閣官房内閣参事官（内閣人事局）平成27年9月 総務省行政評価局評価監視官（内閣、総務、規制改革等担当）平成28年6月 総務省大臣官房参事官 併 大臣官房総務課管理室長 平成30年7月 内閣官房内閣参事官（内閣人事局）併任 総務省行政管理局管理官（内閣・内閣府・総務・公調委・金融・財務等）令和2年7月 総務省大臣官房付 併任 統計改革実行推進室参事官（政策統括官付）令和2年10月 併任 内閣官房内閣参事官（内閣官房副長官補付）命 内閣官房行政改革推進本部事務局参事官 併任 内閣本府規制改革推進室 令和3年7月 総務省統計局統計調査部調査企画課長 併任 統計情報利用推進課長 令和4年6月 総務省統計企画管理官（政策統括官付）併任 統計改革実行推進室参事官（政策統括官付）併任 統計作成プロセス改善推進室室長（政策統括官付）

総務省統計審査官（政策統括官付）
Director for Statistical Clearance

内 山 昌 也（うちやま まさや）

昭和40年7月3日生．京都府出身．
神戸大学法学部

昭和63年4月 総務庁入庁
令和2年4月 総務省統計審査官（政策統括官付）

総務省統計審査官（政策統括官付）併任 統計改革実行推進室参事官（政策統括官付）

長 嶺 行 信（ながみね　ゆきのぶ）

昭和43年9月12日生.　青森県出身.

平成30年7月　　復興庁統括官付参事官
令和元年7月　　一般財団法人建設経済研究所研究理事
令和3年7月　　総務省統計審査官（政策統括官付）併任 統計改革実行推
　　　　　　　進室参事官（政策統括官付）

総務省統計審査官（政策統括官付）併任 統計改革実行推進室参事官（政策統括官付）

Director for Statistical Clearance

山 形 成 彦（やまがた　なるひこ）

昭和49年10月15日生.　岡山県備前市出身.　O型
岡山県立岡山朝日高等学校，大阪大学理学部数学科，
大阪大学大学院理学研究科数学専攻，東京大学公共政策大学院

平成12年4月　総務庁入庁　平成24年8月　総務省統計局統計調査部経済統計課課長補佐　平成27年7月　総務省統計局統計調査部調査企画課課長補佐　平成28年7月　総務省統計局総務課課長補佐　平成29年7月総務省統計局統計調査部国勢統計課調査官 併任 統計局総務課 併任 内閣官房副長官補付企画官 併任 統計改革実行推進室企画官（政策統括官付）平成30年7月　総務省政策統括官付統計企画管理官付企画官　令和元年7月　総務省統計局統計調査部消費統計課物価統計室長　令和3年7月総務省統計局統計調査部消費統計課長　令和4年6月　総務省統計審査官（政策統括官付）併任 統計改革実行推進室参事官（政策統括官付）

資格　統計検定（1級，専門統計調査士，国際資格Graduate Diploma）
趣味　水泳
学生時代の所属部　陸上，スキー
尊敬する人　両親，兄

■政策統括官

総務省統計調整官（政策統括官付）併任 統計委員会担当室次長（政策統括官付）

栗 原 直 樹（くりはら　なおき）

昭和44年9月2日生．群馬県出身．
群馬県立高崎高校，東京大学理学部

平成 5 年 4 月	総理府入府
平成20年 8 月	総務省統計局統計調査部調査企画課調査官
平成21年 7 月	総務省統計局統計調査部国勢統計課労働力人口統計室長
平成24年 7 月	総務省統計局統計調査部消費統計課物価統計室長
平成26年 7 月	総務省統計局統計調査部消費統計課長
平成28年 6 月	農林水産省大臣官房統計部統計企画管理官
平成30年 7 月	総務省統計局統計利用推進課長
平成31年 2 月	総務省統計局統計調査部消費統計課長
平成31年 4 月	統計委員会担当室次長（政策統括官付）を併任
令和元年 7 月	総務省統計審査官（政策統括官付）併任 政策統括官付統計企画管理官付 併任 統計委員会担当室次長（政策統括官付）
令和 3 年 4 月	総務省統計調整官（政策統括官付）併任 統計委員会担当室次長（政策統括官付）

総務省国際統計管理官（政策統括官付）併任 統計改革実行推進室参事官（政策統括官付）
Director for International Statistical Affairs

平 野 欧里絵（ひらの　おりえ）

平成11年 4 月	総務庁入庁
平成27年 7 月	総務省行政評価局企画課企画官
平成29年 7 月	内閣官房内閣人事局企画官
平成30年 7 月	外務省在ジュネーブ国際機関日本政府代表部参事官
令和 3 年 8 月	総務省国際統計管理官（政策統括官付）併任 統計改革実行推進室参事官（政策統括官付）

総務省恩給管理官（政策統括官付）併任 統計改革実行推進室参事官（政策統括官付）

柿 原 謙一郎 (かきはら けんいちろう)

昭和44年8月29日生．長崎県出身．
東京大学理学部

平成4年4月　総務庁入庁　平成20年4月　内閣官房内閣広報室企画官
平成20年7月　経済産業省製造産業局化学課アルコール室長　平成22年7月　総務省人事・恩給局企画官　平成25年6月　内閣府参事官（市場システム担当）（政策統括官（経済社会システム担当）付）併任 内閣府規制改革推進室参事官　平成27年7月　総務省恩給企画管理官（政策統括官付）　平成28年6月　総務省統計局統計情報システム課長
平成29年4月　総務省統計局統計利用推進課長 併任 統計情報システム管理官
平成29年8月　併任解除
平成30年7月　農林水産省大臣官房統計部統計企画管理官
令和元年8月　総務省統計局統計情報利用推進課統計利用推進研究官
令和2年7月　全国市町村研修財団審議役 命 市町村職員中央研修所調査研究部長 兼 教授
令和4年6月　総務省恩給管理官（政策統括官付）併任 統計改革実行推進室参事官（政策統括官付）

誹謗中傷等に関する投稿の目撃経験・投稿を目撃したサービス

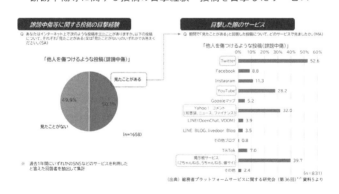

（出典）総務省プラットフォームサービスに関する研究会（第36回）資料5より

総務省サイバーセキュリティ統括官
Director-General for Cyber Security

山 内 智 生（やまうち ともお）

昭和40年3月28日生．兵庫県出身．
京都大学大学院工学研究科修了

平成元年4月	郵政省入省
平成17年8月	総務省情報通信政策局技術政策課企画官
平成19年7月	総務省総合通信基盤局電波部電波政策課電波利用料企画室長
平成21年7月	総務省情報通信国際戦略局技術政策課研究推進室長
平成23年8月	内閣官房内閣参事官（内閣官房副長官補付）命 内閣官房情報セキュリティセンター参事官
平成26年7月	総務省情報通信国際戦略局宇宙通信政策課長
平成28年6月	内閣官房内閣参事官（内閣サイバーセキュリティセンター）
平成30年8月	内閣官房内閣審議官（内閣官房副長官補付）命 内閣官房内閣サイバーセキュリティセンター副センター長
令和3年10月	総務省大臣官房審議官（国際技術、サイバーセキュリティ担当）併任 内閣官房内閣審議官（内閣サイバーセキュリティセンター）
令和4年6月	総務省サイバーセキュリティ統括官

総務省サイバーセキュリティ統括官付参事官（総括担当）
Counsellor, Office of the Director-General for Cybersecurity

小　川　久仁子（おがわ　くにこ）

昭和48年3月29日生．東京都出身．
慶應義塾大学法学部，
タフツ大学フレッチャー法律外交大学院

平成7年4月	郵政省採用
平成20年1月	独立行政法人情報通信研究機構総合企画部評価室長
平成21年7月	総務省情報通信国際戦略局国際政策課統括補佐
平成23年7月	総合通信基盤局電気通信事業部消費者行政課企画官
平成25年5月	総合通信基盤局電気通信事業部消費者行政課企画官　併任　消費者行政課電気通信利用者情報政策室長
平成25年7月	総合通信基盤局電波部電波政策課企画官
平成27年7月	総合通信基盤局電波部移動通信課移動通信企画官
平成28年7月	個人情報保護委員会事務局参事官
平成30年7月	内閣官房内閣人事局内閣参事官（給与及び退職手当担当）
令和2年7月	総務省総合通信基盤局電気通信事業部消費者行政第二課長
令和4年7月	総務省サイバーセキュリティ統括官付参事官（総括担当）

総務省サイバーセキュリティ統括官付参事官（政策担当）
Director, Office of the Director-General for Cybersecurity

酒　井　雅　之（さかい　まさゆき）

京都府出身．
東京都立西高等学校，東京理科大学，
東京理科大学大学院理工学研究科情報科学専攻

平成10年4月	郵政省入省
平成17年8月	総務省情報通信政策局地域通信振興課地方情報化推進室課長補佐
平成19年7月	内閣官房情報セキュリティセンター参事官補佐
平成21年7月	独立行政法人情報通信研究機構ワシントン事務所副所長
平成24年8月	総務省情報通信国際戦略局技術政策課研究推進室課長補佐
平成26年8月	京浜急行電鉄株式会社グループ戦略室調査役
平成28年6月	総務省情報流通振興課情報セキュリティ対策室調査官　併任　内閣府総合科学技術イノベーション推進会議企画官
平成29年7月	内閣官房内閣セキュリティセンター企画官
令和元年8月	総務省大臣官房企画課サイバーセキュリティ・情報化推進室長
令和2年8月	法務省矯正局総務課情報通信企画官
令和4年7月	総務省サイバーセキュリティ統括官付参事官（政策担当）

総務省行政不服審査会事務局総務課長

谷 輪 浩 二 (たにわ　こうじ)

神奈川県出身.
東京大学経済学部

平成 6 年 4 月	総務庁入庁
平成20年 8 月	総務省官房総務課長補佐
平成22年 7 月	総務省行政管理局調査官
平成23年 7 月	総務省官房会計課企画官 兼 会計課庁舎管理室長
平成24年 8 月	総務省人事・恩給局総務課企画官
平成26年 5 月	総務省行政管理局企画調整課企画官
平成26年 7 月	総務省統計審査官（政策統括官付）
平成29年 1 月	併任 政策統括官付
平成29年 7 月	内閣府参事官（市場システム担当）（政策統括官（経済社会システム担当）付）併任 内閣府本府規制改革推進室参事官
令和元年 8 月	農林水産省大臣官房統計部統計企画管理官
令和 3 年 8 月	総務省行政不服審査会事務局総務課長

違法・有害情報に関する相談などの件数の推移

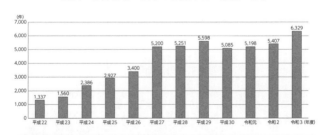

【関連データ】
違法・有害情報相談センター相談件数の事業者別の内訳
出典：総務省「令和 3 年度インターネット上の違法・有害情報対応相談業務等請負業務報告書（概要版）」8頁
URL：https://www.soumu.go.jp/main_content/000814645.pdf

総務省大臣官房審議官（行政評価局担当）併任 情報公開・個人情報保護審査会事務局長

Deputy Director-General of Minister's Secretariat (Administrative Evaluation)/Secretary General, Information Disclosure and Personal Information Protection Review Board

植 山 克 郎 （うえやま　かつろう）

昭和40年9月6日生．栃木県出身．
栃木県立足利高校，東京大学法学部，
米国ハーバード大学ケネディ大学院

平成元年4月	総務庁入庁
平成17年4月	内閣府企画官（共生社会政策担当）
平成17年10月	内閣府大臣官房総務課企画官
平成18年4月	内閣府賞勲局調査官
平成18年7月	内閣府賞勲局審査官
平成19年4月	内閣府参事官（共生社会政策国際担当）
平成20年4月	福岡大学教授
平成22年4月	総務省行政管理局行政手続・制度調査室長
平成22年7月	総務省行政管理局管理官
平成24年4月	総務省行政管理局管理官（行政通則法）
平成26年7月	総務省統計局統計調査部調査企画課長
平成28年4月	総務省行政不服審査会事務局総務課長
平成31年4月	独立行政法人統計センター経営審議役
令和3年7月	総務省統計研究研修所長
令和4年6月	総務省大臣官房審議官（行政評価局担当）併任 情報公開・個人情報保護審査会事務局長

総務省情報公開・個人情報保護審査会事務局総務課長

大　野　　卓（おおの　たく）

昭和47年 1 月16日生．奈良県出身．
東京大学法学部

平成 7 年 4 月	総務庁入省
平成24年 9 月	総務省行政管理局行政手続室長
平成26年 7 月	内閣府公益認定等委員会事務局企画官 兼 公益法人行政担当室企画官
平成28年 6 月	総務省行政評価局評価監視官（内閣、総務、規制改革等担当）
平成29年 7 月	総務省行政評価局評価監視官（内閣、規制改革等担当）
平成30年 7 月	総務省行政評価局付
令和元年10月	内閣府参事官（市場システム担当）（政策統括官（経済社会システム担当）付）併任 内閣府本府規制改革推進室参事官
令和 4 年 6 月	総務省情報公開・個人情報保護審査会事務局総務課長

世界のメタバース市場規模（売上高）の推移及び予測

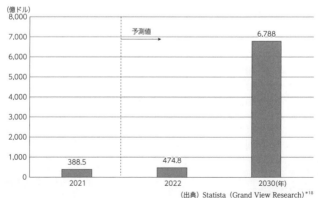

（出典）Statista（Grand View Research）*18

「令和 4 年版情報通信白書」より

総務省官民競争入札等監理委員会事務局長 併任 行政管理局公共サービス改革推進室長

岡　本　直　樹（おかもと　なおき）

昭和43年7月14日生.
一橋大学経済学部

平成3年4月	経済企画庁入庁
平成24年12月	内閣官房副長官補室内閣参事官、内閣官房日本経済再生総合事務局参事官
平成25年8月	内閣府政策統括官（経済財政運営担当）付内閣参事官（経済対策・金融担当）
平成27年1月	内閣府政策統括官（経済社会システム担当）付参事官（市民活動促進担当）兼 参事官（総括担当）
平成28年12月	内閣府休眠預金等活用準備室参事官
平成29年4月	内閣府休眠預金等活用担当室参事官
平成30年4月	内閣府指定活用団体指定担当室参事官
平成30年8月	内閣府大臣官房企画調整課長
令和元年7月	連合総研主任研究員
令和3年9月	内閣府経済社会総合研究所総務部長
令和4年8月	総務省官民競争入札等監理委員会事務局長 併任 行政管理局公共サービス改革推進室長 兼 内閣府大臣官房審議官（消費者委員会、規制改革推進室次長）

総務省官民競争入札等監理委員会事務局参事官 併任 行政管理局公共サービス改革推進室参事官

長 瀬 正 明（ながせ　まさみつ）

昭和44年 4 月17日生．東京都出身．
東京大学法学部

平成 6 年 4 月	総務庁入庁
平成23年 9 月	総務省行政管理局調査官
平成25年 6 月	総務省行政評価局総務課企画官
平成27年 7 月	内閣官房内閣参事官（内閣官房副長官補付）命 内閣官房行政改革推進本部事務局参事官
平成28年 6 月	総務省行政評価局企画課長
平成30年 7 月	内閣府参事官（市場システム担当）（政策統括官（経済社会システム担当）付）併任 内閣府本府規制改革推進室参事官
令和 3 年 7 月	総務省官民競争入札等監理委員会事務局参事官 併任 行政管理局公共サービス改革推進室参事官

NICTER（大規模サイバー攻撃観測網）におけるサイバー攻撃関連の通信数の推移

（出典）NICT「NICTER観測レポート2021」を基に作成

「令和 4 年版情報通信白書」より

総務省大臣官房サイバーセキュリティ・情報化審議官 併任 電気通信紛争処理委員会事務局長

Deputy Director-General for Cybersecurity and Information
Technology Management /Director-General, Telecommunications
Dispute Settlement Commission's Secretariat

高 地 圭 輔 （たかち　けいすけ）

昭和43年12月19日生．東京都出身．
私立武蔵高等学校，東京大学法学部，
九州大学大学院経済学府博士後期課程

平成 3 年 4 月	郵政省入省
平成25年 7 月	総務省情報通信国際戦略局国際経済課長
平成26年 7 月	総務省情報通信国際戦略局付
平成28年 6 月	総務省情報通信国際戦略局参事官
平成29年 7 月	総務省総合通信基盤局電波部基幹・衛星移動通信課長
平成30年 7 月	総務省国際戦略局国際政策課長
令和元年 7 月	総務省大臣官房会計課長 併：予算執行調査室長
令和 2 年 7 月	総務省情報通信政策研究所長
令和 4 年 1 月	総務省大臣官房サイバーセキュリティ・情報化審議官（併）情報通信政策研究所長
令和 4 年 6 月	総務省大臣官房サイバーセキュリティ・情報化審議官 併任 電気通信紛争処理委員会事務局長

資格　博士（経済学、九州大学）

総務省電気通信紛争処理委員会事務局参事官

Deputy Director-General, Telecommunications Dispute Settlement
Commission's Secretariat

片 桐 広 逸（かたぎり　こういち）

昭和43年3月16日生.　山形県出身.
慶應義塾大学経済学部,
ジョージタウン公共政策大学院

平成4年4月　郵政省入省　平成19年7月　総務省総合通信基盤局電気
通信事業部高度通信網振興課推進官　平成20年7月　総務省総合通信基
盤局電気通信事業部電気通信技術システム課安全・信頼性対策室長　平
成24年7月　総務省情報通信国際戦略局技術政策課国際共同研究企画官
平成25年12月　総務省情報通信国際戦略局国際戦略企画官　平成26年8
月　総務省情報流通行政局地域通信振興課地域情報通信振興支援官
平成28年7月　総務省総合通信基盤局総務課情報通信政策総合研究官
平成29年7月　総務省総合通信基盤局電波部電波政策課 兼 電波環境課
認証推進室長
平成30年4月　総務省総合通信基盤局電波部移動通信課移動通信企画官
令和元年7月　総務省総合通信基盤局電波部基幹・衛星移動通信課長
令和3年7月　総務省電気通信紛争処理委員会事務局参事官

主要著書・論文　「決定版5G」東洋経済新報社、2年5月刊

総務省電波監理審議会審理官

Hearing Examiner, Radio Regulatory Council

村 上 聡（むらかみ　さとし）

昭和43年6月20日生.　秋田県出身.
秋田県立横手高校, 東北大学工学部,
東北大学大学院工学研究科

平成6年4月　郵政省入省　平成26年8月　総務省総合通信基盤局電波
部電波環境課企画官 併任 電波環境課認証推進室長
平成29年7月　総務省総合通信基盤局電波部基幹・衛星移動通信課重要
無線室長
平成30年7月　総務省国際戦略局宇宙通信政策課長
令和元年8月　内閣府参事官（課題実施担当）（政策統括官（科学技術・
イノベーション担当）付）併任 参事官（統合戦略担当）
（政策統括官（科学技術・イノベーション担当）付）併任
参事官（事業推進総括担当）（政策統括官（科学技術・イ
ノベーション担当）付）
令和3年7月　情報通信研究機構オープンイノベーション推進本部ソー
シャルイノベーションユニット総合テストベッド研究開
発推進センター主管エキスパート
令和4年6月　総務省電波監理審議会審理官

総務省自治大学校長

滝 川 伸 輔 （たきがわ　しんすけ）

昭和39年 7 月26日生．神奈川県出身．
東京大学法学部

昭和62年 4 月	自治省入省
昭和62年 7 月	福岡県総務部地方課
平成元年 4 月	自治省大臣官房総務課
平成 2 年11月	自治省行政局公務員部公務員課
平成 7 年 4 月	鳥取県総務部財政課長
平成 8 年 8 月	通商産業省基礎産業局総務課課長補佐
平成11年 4 月	自治省行政局公務員部能率安全推進室課長補佐
平成12年 4 月	自治省税務局企画課課長補佐
平成13年 1 月	総務省自治税務局企画課課長補佐
平成14年 2 月	総務省大臣官房秘書課課長補佐
平成15年 4 月	奈良県総務部長
平成19年 7 月	奈良県副知事
平成20年 4 月	内閣官房内閣参事官
平成22年 7 月	（財）自治体国際化協会シドニー事務所長
平成24年 7 月	国土交通省航空局航空ネットワーク部環境・地域振興課長
平成26年 7 月	総務省自治財政局地方債課長
平成27年 7 月	総務省自治行政局地域政策課長
平成28年 6 月	総務省自治財政局公営企業課長
平成29年 7 月	千葉県副知事
令和 4 年 7 月	総務省自治大学校長

特別の機関・施設等機関

総務省情報通信政策研究所長
Director-General, Institute for Information and Communications
Policy

井 幡 晃 三（いばた　こうぞう）

昭和44年11月17日生．京都府出身．
洛星高校，東京大学法学部

平成 5 年 4 月	郵政省入省
平成20年 7 月	総務省大臣官房秘書課長補佐
平成21年 7 月	総務省総合通信基盤局電気通信事業部事業政策課市場評価企画官
平成22年 9 月	総務省大臣官房付 兼 大臣秘書官事務取扱
平成23年 8 月	総務省情報流通行政局放送政策課調査官
平成24年 7 月	総務省情報流通行政局放送政策課企画官
平成25年 7 月	総務省情報流通行政局情報流通振興課企画官
平成27年 7 月	総務省情報流通行政局情報通信作品振興課放送コンテンツ海外流通推進室長
平成29年 7 月	総務省情報流通行政局衛星・地域放送課長
令和元年 7 月	総務省情報流通行政局地上放送課長
令和 2 年 7 月	総務省情報流通行政局放送政策課長
令和 3 年 7 月	国立研究開発法人情報通信研究機構総務部副部長 兼 オープンイノベーション推進本部デプロイメント推進部門長
令和 4 年 6 月	総務省情報通信政策研究所長

総務省統計研究研修所長
Director-General Statistical Research and Training Institute

永 島 勝 利 (ながしま　かつとし)

昭和42年11月10日生. 東京都出身.
私立麻布高校,
東京大学大学院理学系研究科修士課程数学専攻

平成 4 年 4 月	総務庁入庁
平成21年 7 月	総務省統計局統計調査部消費統計課物価統計室長
平成24年 4 月	総務省統計局統計情報システム課長
平成25年 4 月	総務省統計局統計調査部消費統計課長
平成26年 7 月	総務省統計局統計調査部経済基本構造統計課長
平成29年 1 月	総務省大臣官房付 併任 政策統括官付 併任 統計委員会担当室次長（政策統括官付）併任 内閣官房副長官補付 命 内閣官房統計改革推進室参事官
平成30年 8 月	総務省統計局統計調査部調査企画課長
平成31年 2 月	総務省統計審査官（政策統括官付）併任 統計改革実行推進室参事官（政策統括官付）併任 統計委員会担当室次長（政策統括官付）
令和元年 7 月	総務省大臣官房付 併任 政策統括官付 併任 統計改革実行推進室参事官（政策統括官付）併任 統計委員会担当室次長（政策統括官付）併任 内閣官房副長官補付 命 内閣官房統計改革推進室参事官
令和元年10月	総務省統計局総務課長 併任 政策統括官付 併任 統計改革実行推進室参事官（政策統括官付）併任 統計委員会担当室次長（政策統括官付）併任 内閣官房副長官補付 命 内閣官房統計改革推進室参事官
令和 2 年 7 月	併任解除
令和 4 年 6 月	総務省統計研究研修所長

施設等機関・特別の機関

総務省政治資金適正化委員会事務局長

志　田　文　毅（しだ　ふみたか）

昭和46年11月19日生．福島県出身．
東京大学法学部

平成 6 年 4 月	自治省入省
平成16年 4 月	徳島県企画総務部財政課長
平成18年 4 月	総務省自治行政局地域振興課過疎対策室課長補佐
平成19年 4 月	総務省消防庁国民保護・防災部防災課災害対策官 併任 防災課課長補佐
平成20年 4 月	北海道企画振興部地域主権局参事（道州制グループ）
平成21年 4 月	北海道総務部財政局財政課長
平成22年 4 月	北海道総務部財政局財政課財政企画担当局長
平成23年11月	総務省大臣官房付 併任 内閣府企画官（政策統括官（防災担当）付参事官（総括担当）付）
平成24年 7 月	内閣府企画官（政策統括官（防災担当）付参事官（総括担当）付）命 平成23年（2011年）東北地方太平洋沖地震緊急災害対策本部被災者生活支援チーム事務局企画官
平成25年 7 月	総務省自治行政局選挙部政治資金課政党助成室長
平成26年 7 月	京都府総務部長
平成29年 7 月	内閣官房内閣参事官
令和元年 8 月	総務省行政管理局管理官（農水・防衛・公取委等）併任 内閣官房内閣参事官（内閣人事局）
令和 2 年 7 月	総務省行政管理局管理官（文部科学・農水・防衛・公取委等）併任 内閣官房内閣参事官（内閣人事局）
令和 3 年 7 月	自治医科大学事務局長
令和 4 年 6 月	総務省政治資金適正化委員会事務局長

総務省政治資金適正化委員会事務局参事官

清 水 久 子（しみず　ひさこ）

昭和49年3月19日生. 富山県出身.
富山県立富山中部高校, 京都大学法学部

平成9年4月	郵政省入省
平成26年7月	復興庁統括官付参事官付企画官
平成28年7月	総務省情報流通行政局衛星・地域放送課国際放送推進室長
平成30年8月	総務省総合通信基盤局電気通信事業部事業政策課ブロードバンド整備室長
令和元年8月	総務省総合通信基盤局電気通信事業部消費者行政第二課企画官
令和2年7月	内閣官房内閣人事局参事官（福利厚生、ハラスメント防止、争訟、労働・国際担当）
令和4年6月	総務省政治資金適正化委員会事務局参事官

施設等機関・特別の機関

各国・地域の5G推進団体

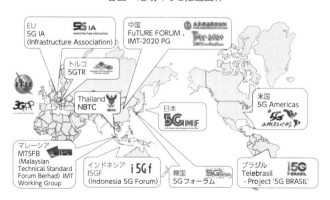

総務省北海道管区行政評価局長
Director-General of the Hokkaido Regional Administrative
Evaluation Bureau

河 内 達 哉 (かわち　たつや)

昭和41年4月2日生. 兵庫県出身.
東京大学法学部

平成2年4月	郵政省入省
平成15年8月	総務省大臣官房総務課課長補佐
平成16年6月	内閣官房郵政民営化準備室参事官補佐
平成18年4月	独立行政法人情報通信研究機構総務部統括
平成18年8月	総務省大臣官房政策評価広報課企画官
平成19年7月	総務省情報通信政策局情報セキュリティ対策室長
平成20年7月	(財) マルチメディア振興センター ロンドン事務所長
平成22年7月	国土交通省道路局路政課道路利用調整室長
平成24年9月	総務省大臣官房総務課企画官
平成25年6月	総務省総合通信基盤局電気通信事業部データ通信課長
平成27年7月	内閣官房情報通信技術（ＩＴ）総合戦略室参事官
平成28年8月	消費者庁消費者政策課長
平成30年7月	内閣官房内閣参事官（内閣官房副長官補付）
令和2年8月	独立行政法人郵便貯金簡易生命保険管理・郵便局ネットワーク支援機構理事
令和4年8月	総務省北海道管区行政評価局長

総務省東北管区行政評価局長
Director-General of the Tohoku Regional Administrative Evaluation
Bureau

栗　田　奈央子（くりた　なおこ）
昭和42年7月11日生．東京都出身．
早稲田大学法学部

平成 3 年 4 月	総理府政府広報室
平成10年 7 月	大蔵省理財局国有財産第二課課長補佐
平成18年10月	内閣府男女共同参画局調査課調査官
平成20年 7 月	内閣府賞勲局審査官
平成22年 7 月	内閣府官民競争入札等監理委員会事務局参事官
平成24年 9 月	総務省統計局統計調査部経済統計課長
平成26年 5 月	内閣官房内閣参事官（内閣人事局）
平成28年 6 月	総務省統計局統計調査部国勢統計課長
平成29年 4 月	総務省統計局統計調査部調査企画課長 併任 国勢統計課長
平成30年 8 月	内閣府男女共同参画局調査課長
平成30年 9 月	内閣府男女共同参画局総務課長
令和 2 年 8 月	総務省大臣官房政策評価広報課長 併任 政策立案支援室長
令和 3 年 7 月	総務省公害等調整委員会事務局次長
令和 4 年 6 月	総務省東北管区行政評価局長

地方管区
行政評価局

総務省関東管区行政評価局長
Director-General of the Kanto Regional Administrative Evaluation
Bureau

小 森 敏 也（こもり　としや）

昭和40年2月23日生．三重県出身．
三重県立桑名高校，東京大学法学部

昭和63年4月	総理府入府
平成13年6月	総務省行政管理局副管理官
平成16年7月	総務省行政管理局企画官
平成18年7月	総務省行政評価局評価監視官（規制改革等担当）
平成19年7月	総務省行政管理局管理官（厚生労働・経済産業・環境）
平成20年7月	総務省行政管理局管理官（行革総括）（併）年金業務・社会保険庁監視等委員会事務室主任調査員
平成22年1月	総務省人事・恩給局参事官
平成22年7月	総務省大臣官房付（併）内閣官房内閣参事官（内閣官房副長官補付）（命）内閣官房行政改革推進室参事官
平成25年6月	総務省大臣官房政策評価広報課長
平成26年7月	総務省統計企画管理官（政策統括官付）
平成27年7月	総務省大臣官房参事官
平成28年6月	内閣府公益認定等委員会事務局次長　併任　内閣府大臣官房公益法人行政担当室次長
平成30年7月	総務省東北管区行政評価局長
令和元年7月	総務省大臣官房審議官（行政評価局、統計基準担当）
令和2年7月	内閣官房内閣審議官（内閣官房副長官補付）命　内閣官房行政改革推進本部事務局次長　命　内閣官房統計改革推進室長
令和4年6月	総務省関東管区行政評価局長

総務省中部管区行政評価局長
Director-General of the Chubu Regional
Administrative Evaluation Bureau

牛　島　授　公　（うしじま　さずきみ）
昭和42年 3 月20日生．埼玉県出身．
埼玉県立浦和高等学校，東京大学法学部

平成16年 4 月　内閣府政策統括官付財政運営基本担当参事官補佐
平成18年 9 月　滋賀県理事（行財政改革担当）
平成20年 4 月　公営企業金融公庫資金部資金課長
平成21年 4 月　古河市副市長
平成23年 4 月　香川大学大学院地域マネジメント研究科教授
平成26年 4 月　復興庁参事官
平成28年 4 月　救急振興財団事務局審議役 兼 救急救命東京研修所副所長
平成29年 7 月　地方職員共済組合地方共済事務局長
令和元年 7 月　内閣府本府地方創生推進室次長
令和 2 年 7 月　新関西国際空港株式会社執行役員
令和 4 年 6 月　総務省中部管区行政評価局長

地方管区
行政評価局

総務省近畿管区行政評価局長

Director-General of the Kinki Regional Administrative Evaluation
Bureau

平 野 真 哉 (ひらの　しんや)

昭和39年 1 月生．広島県出身．
国立広島大学附属高等学校，東京大学法学部

昭和63年 4 月	総務庁入庁
平成15年 1 月	総務省大臣官房会計課企画官
平成16年 1 月	総務省行政管理局行政情報システム企画課個人情報保護室長
平成17年 5 月	内閣官房行政改革推進事務局公益法人制度改革推進室企画官
平成18年 8 月	独立行政法人統計センター総務部総務課長
平成20年 7 月	総務省行政管理局管理官（情報担当）
平成21年 7 月	総務省行政評価局評価監視官
平成24年 9 月	厚生労働省社会・援護局援護課長
平成26年 7 月	内閣府情報公開・個人情報保護審査会事務局総務課長
平成28年 4 月	総務省情報公開・個人情報保護審査会事務局総務課長
平成29年 7 月	総務省大臣官房政策評価広報課長
平成30年 7 月	総務省大臣官房審議官（行政評価局担当）
令和元年 7 月	総務省東北管区行政評価局長
令和 2 年 7 月	総務省中国四国管区行政評価局長
令和 4 年 6 月	総務省近畿管区行政評価局長

総務省中国四国管区行政評価局長

Director-General of the Chugoku-Shikoku Regional Administrative
Evaluation Bureau

川　島　　司（かわしま　つかさ）

昭和44年10月15日生．埼玉県出身．
東京大学法学部

平成 4 年	自治省行政局選挙部選挙課（兼 大臣官房総務課）
平成19年 7 月	総務省消防庁総務課理事官
平成21年 4 月	京都市行財政局財政担当局長
平成24年 4 月	地方公務員共済組合連合会資金運用部長
平成26年 4 月	総務省消防庁国民保護・防災部防災課国民保護室長（内閣官房内閣参事官（内閣官房副長官補付）併任）
平成28年 1 月	総務省自治大学校部長教授
平成29年 4 月	日本大学経済学部教授
平成31年 4 月	総務省消防庁消防・救急課長
令和 2 年 7 月	全国市町村職員共済組合連合会事務局長
令和 3 年 3 月	警察庁交通局付
令和 4 年 6 月	総務省中国四国管区行政評価局長

地方管区
行政評価局

Shikoku Regional Administrative
Evaluation Branch Bureau

総務省四国行政評価支局長
Director-General of the Shikoku Branch
Office of Regional Administrative Evaluation
Bureau

花 井 光 (はない ひかる)

昭和37年2月17日生．千葉県出身．
千葉県立千葉東高等学校，中央大学法学部

平成3年4月	総務庁入庁
平成20年7月	総務省大臣官房秘書課課長補佐 兼 コンプライアンス室
平成26年1月	総務省行政管理局副管理官
平成26年5月	内閣官房内閣人事局参事官補佐
平成28年4月	総務省大臣官房秘書課課長補佐 兼 コンプライアンス室
平成29年4月	総務省行政評価局調査官
平成31年4月	兼 大臣官房秘書課
令和元年7月	総務省行政評価局企画課企画官 兼 大臣官房秘書課
令和元年8月	総務省大臣官房秘書課調査官
令和2年4月	兼 コンプライアンス室次長
令和2年7月	総務省行政評価局評価監視官（内閣、総務等担当）
令和3年7月	総務省四国行政評価支局長

総務省九州管区行政評価局長

Director-General of the Kyushu Regional Administrative Evaluation
Bureau

髙 田 義 久 (たかだ　よしひさ)

三重県出身.
東京大学法学部

平成 5 年 4 月	郵政省入省
平成13年 2 月	国際電気通信連合（ＩＴＵ）戦略政策部プロジェクト・オフィサー
平成21年 7 月	総務省情報通信政策研究所調査研究部長
平成21年 9 月	併任 総合通信基盤局電波部移動通信課推進官
平成22年 4 月	慶應義塾大学メディア・コミュニケーション研究所准教授（研究休職）
平成25年 4 月	総務省情報通信国際戦略局国際協力課国際展開支援室長
平成27年 9 月	株式会社三菱東京ＵＦＪ銀行（官民交流）
平成29年 7 月	総務省情報通信国際戦略局情報通信政策課情報通信経済室長
平成30年 7 月	金融庁監督局郵便保険監督参事官
令和元年 7 月	総務省情報流通行政局郵政行政部貯金保険課長
令和 3 年 7 月	総務省情報流通行政局郵政行政部企画課長
令和 4 年 6 月	総務省九州管区行政評価局長

地方管区
行政評価局

総務省沖縄行政評価事務所長
Director of the Okinawa Administrative Evaluation Office

神 里　　豊（かみざと　ゆたか）

沖縄県出身.
琉球大学法文学部

昭和62年4月　総務庁入庁
平成28年4月　総務省沖縄行政評価事務所総務課長
平成30年4月　総務省沖縄行政評価事務所次長
平成31年4月　総務省九州管区行政評価局地域総括評価官
令和3年4月　総務省沖縄行政評価事務所長

令和3年度CYDER（実践的サイバー防御演習）実施状況

コース名	演習方法	レベル	受講想定者（習得内容）	受講想定組織	開催地	開催回数	実施時期	
A	集合演習	初級	システムに携わり始めた者 （事案発生時の対応の流れ）	全組織共通	47都道府県	68回	7月～翌年2月	令和3年度から新規開設
B-1		中級	システム管理者・運用者 （主体的な事案対応・セキュリティ管理）	地方公共団体	全国11地域	21回	10月～翌年2月	
B-2				地方公共団体以外	東京・大阪・名古屋・福岡	13回	翌年1月～2月	
C		準上級	セキュリティ専門担当者 （高度なセキュリティ技術）	全組織共通	東京	3回	翌年1月～2月	
オンライン A	オンライン 演習	初級	システムに携わり始めた者 （事案発生時の対応の流れ）	全組織共通	（受講者職場等）	随時	11月～翌年3月 （6～8月に試験提供）	

「令和4年版情報通信白書」より

総務省北海道総合通信局長
Director-General of the Hokkaido Bureau of Telecommunications

磯　　寿　生 (いそ　としお)

昭和44年1月生.　大阪府出身.
東京大学法学部

平成4年4月	郵政省入省
平成19年7月	情報通信政策局総合政策課統括補佐
平成20年8月	岡山県警察本部警務部長
平成22年7月	総務省情報通信国際戦略局情報通信政策課融合戦略企画官
平成23年7月	総務省情報通信国際戦略局情報通信政策課情報通信経済室長
平成25年7月	総務省情報流通行政局地域通信振興課地方情報化推進室長
平成27年7月	文部科学省生涯学習政策局情報教育課長
平成29年6月	官民交流（コニカミノルタ株式会社）
令和元年7月	総務省情報流通行政局地域通信振興課長
令和2年7月	独立行政法人郵便貯金簡易生命保険管理・郵便局ネットワーク支援機構総務部長
令和3年7月	総務省四国総合通信局長
令和4年6月	総務省北海道総合通信局長

地方
総合通信局

総務省東北総合通信局長
Director-General of the Tohoku Bureau of Telecommunications

栁　島　　智（やなぎしま　さとる）

昭和40年8月19日生．千葉県出身．
千葉県立千葉高等学校，電気通信大学，
電気通信大学大学院

平成3年4月	郵政省入省
平成19年7月	総務省総合通信基盤局データ通信課インターネット基盤企画室長
平成21年7月	総務省情報通信国際戦略局国際展開支援室長
平成24年8月	総務省総合通信基盤局電波部監視管理室長
平成25年6月	総務省総合通信基盤局電波部重要無線室長
平成27年8月	内閣官房参事官（内閣サイバーセキュリティセンター重要インフラグループ）
平成29年7月	総務省情報通信国際戦略局参事官（行政情報セキュリティ担当）
平成29年9月	総務省情報流通行政局参事官（行政情報セキュリティ担当）
平成30年7月	総務省情報流通行政局放送技術課長
令和元年7月	国立研究開発法人情報通信研究機構オープンイノベーション推進本部イノベーション推進部門長
令和2年7月	総務省国際戦略局技術政策課長　併任　内閣府技官（参事官（課題実施担当）（政策統括官（科学技術・イノベーション担当）付））
令和3年7月	総務省沖縄総合通信事務所長
令和4年6月	総務省東北総合通信局長

総務省関東総合通信局長
Director-General of the Kanto Bureau of Telecommunications

新　井　孝　雄（あらい　たかお）

昭和40年 4 月24日生．東京都出身．
私立明治大学附属明治高校，東京大学経済学部経済学科

平成元年	郵政省入省（通信政策局宇宙通信企画課）
平成17年	総務省情報通信政策局総務課調査官
平成18年	総務省大臣官房付（秘書官事務取扱）
平成19年	総務省情報通信政策局総合政策課情報通信経済室長
平成20年	総務省情報流通行政局情報流通振興課情報セキュリティ対策室長
平成21年	総務省情報流通行政局情報通信作品振興課長
平成23年	文部科学省生涯学習政策局参事官（学習情報政策担当）
平成25年 7 月	文部科学省生涯学習政策局情報教育課長
平成25年 8 月	総務省総合通信基盤局電波部衛星移動通信課長
平成27年 7 月	総務省情報通信国際戦略局国際政策課長
平成28年 6 月	内閣官房内閣参事官（内閣官房副長官補付）
平成30年 7 月	総務省大臣官房会計課長 併：予算執行調査室長
令和元年 7 月	総務省中部管区行政評価局長
令和 2 年 8 月	内閣官房内閣審議官（内閣官房まち・ひと・しごと創生本部事務局次長）
令和 3 年11月	内閣官房内閣審議官（内閣官房デジタル田園都市国家構想実現会議事務局審議官）
令和 4 年 6 月	総務省関東総合通信局長

総地
合方
通
信
局

総務省信越総合通信局長
Director-General of the Shinetsu Bureau of Telecommunications

塩 崎 充 博（しおざき　みつひろ）

昭和40年10月21日生．東京都出身．
東京大学教育学部附属高等学校，横浜国立大学工学部，
横浜国立大学大学院工学研究科

平成 3 年 4 月	郵政省入省
平成17年 8 月	総務省情報通信政策局技術政策課統括補佐
平成19年 7 月	内閣官房情報通信技術（IT）担当室主幹
平成20年 7 月	内閣官房情報通信技術（IT）担当室企画調査官
平成21年 7 月	独立行政法人情報通信研究機構研究推進部門統括 兼 国際推進グループワシントン事務所長（在ワシントンDC）
平成23年 4 月	独立行政法人情報通信研究機構研究推進部門統括 兼 北米連携センター長（在ワシントンDC）
平成24年 8 月	総務省情報通信国際戦略局通信規格課企画官
平成25年 6 月	総務省情報流通行政局放送技術課技術企画官
平成26年 8 月	総務省総合通信基盤局電気通信事業部電気通信技術システム課長
平成28年 7 月	国立大学法人東北大学電気通信研究所特任教授
平成30年 7 月	総務省総合通信基盤局電波部電波環境課長
令和元年 7 月	総務省情報流通行政局放送技術課長
令和 2 年 7 月	国立研究開発法人情報通信研究機構オープンイノベーション推進本部イノベーション推進部門長
令和 3 年 7 月	国立研究開発法人情報通信研究機構執行役 兼 オープンイノベーション推進本部長
令和 4 年 6 月	総務省信越総合通信局長

総務省北陸総合通信局長
Director‐General of the Hokuriku Bureau of Telecommunications

小　津　　　敦 （おづ　あつし）

平成 5 年 4 月　郵政省入省
令和元年 7 月　公益社団法人日本経済研究センター研究本部主任研究員
令和 3 年 7 月　総務省総合通信基盤局電波部基幹・衛星移動通信課長
令和 4 年 6 月　総務省北陸総合通信局長

総合通信局
地方

総務省東海総合通信局長

Director-General of the Tokai Bureau of Telecommunications

北　林　大　昌（きたばやし　だいすけ）

昭和42年5月23日生.　大阪府出身.
京都大学法学部

平成2年4月	郵政省入省
平成21年7月	独立行政法人情報通信研究機構情報通信振興部門長
平成23年4月	独立行政法人情報通信研究機構産業振興部門長
平成23年7月	総務省大臣官房付 兼 内閣官房副長官補付内閣参事官
平成25年7月	野村證券株式会社
平成27年7月	総務省情報流通行政局郵政行政部郵便課長
平成29年7月	総務省情報流通行政局郵政行政部企画課長
平成30年7月	内閣官房内閣参事官（内閣官房副長官補付）命 内閣官房郵政民営化推進室副室長 併任 郵政民営化委員会事務局次長
令和2年7月	国立研究開発法人情報通信研究機構総務部長
令和3年7月	総務省総合通信基盤局電気通信事業部長
令和4年6月	総務省東海総合通信局長

総務省近畿総合通信局長
Director-General of the Kinki Bureau of
Telecommunications

井 上 知 義 （いのうえ　ともよし）

昭和40年9月9日生. 東京都出身.
麻布高校, 慶應義塾大学経済学部

平成元年4月	郵政省入省
平成16年10月	総務省情報通信政策局総務課調査官
平成17年4月	総務省情報通信政策局地上放送課企画官
平成17年8月	総務省情報通信政策局情報通信経済室長
平成19年7月	総務省自治行政局地域情報政策室長
平成21年7月	総務省電気通信事業紛争処理委員会事務局参事官
平成22年7月	内閣官房情報通信技術（IT）担当室参事官
平成24年7月	総務省行政評価局評価監視官（法務、外務、文部科学等担当）
平成26年7月	内閣官房内閣参事官（内閣官房副長官補付）
平成28年6月	公益社団法人日本経済研究センター主任研究員
平成30年4月	総務省情報通信政策研究所長
令和2年4月	国立研究開発法人情報通信研究機構理事
令和4年4月	総務省近畿総合通信局長

地方
総合通信局

総務省中国総合通信局長

Director-General of the Chugoku Bureau of Telecommunications

和久屋　　聡 （わくや　さとし）

平成27年7月	国土交通省総合政策局行政情報化推進課長
平成29年7月	総務省公害等調整委員会事務局審査官
令和元年7月	総務省電気通信紛争処理委員会事務局参事官
令和3年7月	総務省中国総合通信局長

総務省四国総合通信局長

Director-General of the Shikoku Bureau of Telecommunications

西　岡　邦　彦 （にしおか　くにひこ）

昭和44年10月生．東京都出身．
開成高校，東京大学法学部，
NYU School of Law

平成 4 年 4 月	郵政省入省
平成14年 8 月	総務省情報通信政策局地域放送課課長補佐
平成15年 9 月	総務副大臣秘書官事務取扱
平成16年 9 月	総務省郵政行政局信書便事業課課長補佐
平成16年11月	内閣官房郵政民営化準備室課長補佐
平成18年 8 月	財団法人国際通信経済研究所北京事務所長
平成21年 8 月	総務省情報通信国際戦略局情報通信政策課情報通信経済室長
平成23年 7 月	内閣府情報公開・個人情報保護審査会事務局審査官
平成24年 8 月	官民交流（株式会社オリエンタルランド）
平成26年 7 月	一般財団法人日本データ通信協会情報通信セキュリティ本部長
平成28年 7 月	金融庁監督局郵便保険監督参事官
平成30年 7 月	独立行政法人郵便貯金・簡易生命保険管理機構保険部長
令和 2 年 7 月	内閣官房内閣参事官（内閣官房副長官補付）命 内閣官房郵政民営化推進室参事官 併任 郵政民営化委員会事務局参事官
令和 3 年 7 月	内閣官房内閣参事官（内閣官房副長官補付）命 内閣官房郵政民営化推進室副室長 併任 郵政民営化委員会事務局次長
令和 4 年 6 月	総務省四国総合通信局長

総務省九州総合通信局長
Director-General of the Kyushu Bureau of Telecommunications

野　崎　雅　稔（のざき　まさとし）

香川県出身.
香川県立高松高校，早稲田大学理工学部

平成元年 4 月	郵政省入省（通信政策局技術開発企画課）
平成 9 年 7 月	郵政省通信政策局標準化推進室課長補佐
平成11年 7 月	郵政省通信総合研究所主任研究官
平成12年 7 月	郵政省通信政策局技術政策課課長補佐
平成13年 7 月	総務省総合通信基盤局電波部電波政策課課長補佐
平成15年 7 月	総務省情報通信政策局通信規格課標準化推進官
平成17年 7 月	内閣官房IT担当室総括主幹
平成19年 7 月	総務省情報流通行政局地域放送課技術企画官
平成21年 7 月	総務省総合通信基盤局電波部電波利用料企画室長
平成22年 7 月	総務省総合通信基盤局電気通信事業部電気通信技術システム課長
平成24年 8 月	総務省情報流通行政局放送技術課長
平成26年 7 月	総務省情報通信国際戦略局技術政策課長
平成29年 7 月	総務省総合通信基盤局電波部電波政策課長
平成30年 7 月	国立研究開発法人情報通信研究機構執行役 兼 オープンイノベーション推進本部長
平成31年 4 月	国立研究開発法人情報通信研究機構理事
令和 3 年 7 月	総務省総合通信基盤局電波部長
令和 4 年 6 月	総務省九州総合通信局長

総務省沖縄総合通信事務所長
Director-General of the Okinawa Office of Telecommunications

三　木　啓　嗣 （みき　けいじ）

令和元年 7 月　総務省総合通信基盤局電波部重要無線室長
令和 2 年 7 月　総務省総合通信基盤局電波部東京オリンピック・パラリ
　　　　　　　　ンピック電波利用支援室長
令和 3 年 8 月　総務省総合通信基盤局電波部監視管理室長
令和 4 年 6 月　総務省沖縄総合通信事務所長

地方
総合通信局

総務省消防庁長官
Commissioner of the Fire and Disaster
Management Agency

前　田　一　浩（まえだ　かずひろ）

昭和38年3月11日生．広島県出身．
広島学院高等学校，東京大学法学部

昭和62年4月	自治省入省（行政局振興課 兼 大臣官房総務課）
昭和62年7月	山梨県市町村課
平成元年4月	自治省消防庁消防課
平成2年4月	自治省大臣官房企画室
平成3年4月	自治省税務局府県税課
平成4年7月	国税庁相生税務署長
平成5年7月	自治大学校助教授
平成6年4月	茨城県観光物産課長
平成8年4月	茨城県財政課長
平成10年4月	自治省税務局市町村税課課長補佐
平成11年7月	自治省税務局府県税課課長補佐
平成13年4月	総務省自治財政局交付税課課長補佐
平成15年4月	総務省自治財政局財政課財政企画官
平成16年4月	岡山県総務部長
平成19年4月	総務省自治行政局公務員部高齢対策室長
平成19年7月	総務省自治行政局公務員部給与能率推進室長
平成20年7月	内閣府地方分権改革推進委員会事務局参事官
平成22年7月	総務省自治財政局公営企業課地域企業経営企画室長
平成23年4月	総務省自治財政局公営企業課準公営企業室長
平成23年7月	総務省自治税務局固定資産税課長
平成25年6月	総務省自治財政局交付税課長
平成27年7月	総務省自治財政局財政課長
平成29年7月	内閣府大臣官房審議官（経済社会システム担当）併任 内閣府本府休眠預金等活用担当室長
令和元年7月	総務省大臣官房審議官（財政制度・財務担当）
令和元年8月	総務省大臣官房総括審議官（マイナンバー情報連携、政策企画（副）担当）
令和3年7月	総務省自治財政局長
令和4年6月	消防庁長官

総務省消防庁次長
Vice-Commissioner of the Fire and Disaster
Management Agency

澤　田　史　朗（さわだ　しろう）
昭和40年12月18日生．岐阜県出身．
岐阜県立岐阜高校，東京大学工学部

平成元年 4 月	自治省入省
平成11年 4 月	群馬県総務部財政課長
平成16年 4 月	滋賀県健康福祉部長
平成18年 4 月	滋賀県総務部長
平成18年10月	滋賀県副知事
平成21年 9 月	総務省情報流通行政局衛星・地域放送課地域放送推進室長
平成22年 7 月	総務省自治行政局地域自立応援課人材力活性化・連携交流室長
平成24年 9 月	総理官邸内閣参事官
平成27年 7 月	総務省自治財政局財務調査課長
平成28年 6 月	内閣府本府地方創生推進室参事官　併任　地方創生推進事務局参事官
平成29年 7 月	総務省消防庁消防・救急課
平成30年 7 月	総務省消防庁総務課長
令和元年 7 月	地方公務員災害補償基金理事
令和 2 年 7 月	内閣官房副長官補（事態対処・危機管理担当）付
令和 4 年 7 月	総務省消防庁次長

消
防
庁

総務省消防庁審議官
Assistant Commissioner of the Fire and
Disaster Management Agency

鈴 木 建 一（すずき　けんいち）

佐賀県出身.
東京大学教養学部

平成 3 年 4 月　厚生省入省
平成25年 7 月　内閣府参事官（社会システム担当）
平成27年10月　厚生労働省社会・援護局保護課長
平成30年 7 月　厚生労働省健康局総務課長
令和 2 年 9 月　日本年金機構本部審議役
令和 3 年 5 月　日本年金機構理事（事業企画部門担当）
令和 4 年 7 月　総務省消防庁審議官

総務省消防庁総務課長
Director of the General Affairs Division

門 前 浩 司 （もんぜん　こうじ）

昭和44年 6 月12日生．福井県出身．
福井県立高志高校，東京大学法学部

平成 5 年 4 月	自治省入省
平成14年 4 月	岐阜県経営管理部財政課長
平成17年 4 月	総務省自治財政局調整課長補佐
平成19年 7 月	鳥取県商工労働部長
平成22年 1 月	鳥取県総務部長
平成24年 1 月	総務省自治行政局選挙部政治資金課支出情報開示室長
平成26年 4 月	内閣府本府地方分権改革推進室企画官
平成27年 7 月	内閣府本府地方創生推進室参事官
平成29年 7 月	総務省自治行政局地域自立応援課過疎対策室長
平成30年 7 月	宮内庁長官官房参事官
令和 2 年 7 月	総務省自治税務局市町村税課長
令和 3 年 7 月	総務省消防庁消防・救急課長
令和 4 年 8 月	総務省消防庁総務課長

総務省消防庁消防・救急課長
Director of the Fire and Ambulance Service Division

荒 竹 宏 之 （あらたけ　ひろゆき）

昭和45年 9 月17日生．東京都出身．
筑波大学附属高校，東京大学法学部

平成 6 年 4 月	自治省財政局交付税課（兼 大臣官房総務課）
平成16年 4 月	財務省主計局法規課課長補佐
平成18年 4 月	宮城県総務部市町村課長
平成19年 4 月	宮城県総務部財政課長
平成21年 4 月	総務省消防庁総務課理事官
平成22年 4 月	福島県生活環境部次長（県民安全担当）
平成23年 6 月	福島県生活環境部長
平成25年 4 月	地方公共団体金融機構経営企画部企画課長
平成26年 9 月	和歌山市副市長
平成30年 4 月	総務省大臣官房付
平成30年 7 月	内閣府参事官（企画担当）（政策統括官（沖縄政策担当）付）
令和 2 年 7 月	総務省消防庁国民保護・防災部防災課長
令和 4 年 8 月	総務省消防庁消防・救急課長

消
防
庁

総務省消防庁予防課長
Director of the Fire Prevention Division

白 石 暢 彦（しらいし　のぶひこ）

昭和40年12月27日生．福岡県出身．
九州大学大学院工学研究科修了

平成 2 年 4 月　自治省消防庁危険物規制課　平成12年 4 月　自治省消防庁危険物規制課課長補佐　平成13年 1 月　総務省消防庁危険物保安室課長補佐　平成14年 4 月　大阪市消防局予防部審査担当課長　平成16年 4 月　内閣官房副長官補付参事官補佐　平成17年 4 月　独立行政法人消防研究所調整官 兼 総務課長補佐　平成18年 4 月　総務省消防庁消防大学校教授 併任 予防課消防技術政策室長補佐　平成19年 4 月　総務省消防庁消防大学校教授 併任 予防課危険物保安室課長補佐　　平成19年 8 月　経済産業省大臣官房総務課企画官 併任 原子力安全・保安院原子力防災課火災対策室長　　平成20年 4 月　経済産業省原子力安全・保安院原子力防災課火災対策室長　　平成22年 7 月　総務省消防庁国民保護・防災部防災課防災情報室長　平成25年 4 月　総務省消防庁予防課特殊災害室長　平成27年 4 月　総務省消防庁予防課危険物保安室長　平成28年 4 月　静岡県危機管理監代理 兼 危機管理部理事（消防安全対策担当）
平成29年 4 月　静岡県危機管理部部長代理 兼 危機管理監代理
平成31年 4 月　静岡県危機管理監代理 兼 危機管理部部長代理
令和元年 7 月　総務省消防庁予防課長

平成24年以降行われた消防庁長官による火災原因調査のうち消防法令の改正を行ったもの

No.	出火日	場所	用途等	消防庁の対応
1	平成 24 年 5 月 13 日	広島県福山市	ホテル（死傷者 10 人）	消防法施行令等を改正し、自動火災報知設備の設置基準を強化するとともに消防法令等の防火基準に適合している建物の情報を利用者に提供する「表示制度」を再構築し、運用を開始した。
2	平成 25 年 2 月 8 日	長崎県長崎市	グループホーム（死傷者 12 人）	消防法施行令等を改正し、スプリンクラー設備の設置基準の強化や自動火災知設備と火災通報装置の連動を義務化した。
3	平成 25 年 8 月 15 日	京都府福知山市	花火大会（死傷者 59 人）	消防法令及び火災予防条例（例）を改正し、一定規模以上の屋外イベント会場の火災予防上必要な業務に関する計画の提出義務化や消火器の準備を義務化した。
4	平成 25 年 10 月 11 日	福岡県福岡市	診療所（死傷者 15 人）	消防法施行令等を改正し、消火器具、屋内消火栓設備、スプリンクラー設備、動力消防ポンプ設備及び消防機関へ通報する火災報知設備の設置基準等の見直しを行った。

総務省消防庁国民保護・防災部長
Director-General of the Civil Protection and
Disaster Management Department

田 辺 康 彦 （たなべ やすひこ）

昭和44年10月19日生．東京都出身．
東京大学法学部

平成 4 年 4 月	自治省入省
平成14年 5 月	鳥取県総務部次長（総務部財政課長）
平成16年 4 月	総務省消防庁防災課災害対策官
平成18年 7 月	総務省自治税務局都道府県税課課長補佐
平成19年 4 月	総務省自治税務局企画課理事官
平成20年 7 月	総務省自治税務局企画課税務企画官
平成21年 4 月	青森県総務部長
平成24年 7 月	自治体国際化協会シドニー事務所長
平成27年 7 月	自治体国際化協会事務局長
平成29年 7 月	総務省消防庁国民保護・防災部防災課長
平成30年 8 月	総務省自治税務局固定資産税課長
平成31年 4 月	総務省自治税務局都道府県税課長
令和 3 年 7 月	総務省自治税務局企画課長
令和 4 年 6 月	総務省消防庁国民保護・防災部長

消
防
庁

総務省消防庁国民保護・防災部防災課長
Director of the Disaster Management Division

野 村 政 樹 （のむら　まさき）

平成 7 年 4 月	自治省入省
平成16年 4 月	山梨県総務部財政課長
平成18年 4 月	内閣府参事官補佐（政策統括官（経済財政運営担当）付参事官（予算編成基本方針担当）付、道州制特区担当室）
平成20年 4 月	福岡県総務部行政経営企画課長
平成22年 8 月	総務省自治行政局選挙部管理課理事官 併任 訟務専門官
平成23年 7 月	総務省消防庁総務課理事官
平成24年 4 月	奈良県知事公室次長（防災計画担当）
平成25年 4 月	奈良県地域振興部長
平成27年 4 月	奈良県総務部長
平成28年 6 月	総務省消防庁救急企画室長
平成29年 7 月	福岡県総務部長
令和 2 年 7 月	内閣官房拉致問題対策本部事務局総務・拉致被害者等支援室長（内閣参事官）
令和 4 年 8 月	総務省消防庁国民保護・防災部防災課長

総務省消防庁国民保護・防災部参事官
Counsellor of the Civil Protection and Disaster Management
Department

村 川 奏 支 （むらかわ　そうし）
島根県出身.

平成12年 4 月	建設省入省
平成25年 7 月	国土交通省水管理・国土保全局水政課法務調査官
平成26年 7 月	国土交通省土地・建設産業局建設市場整備課建設市場整備推進官
平成28年 6 月	復興庁統括官付参事官付企画官
平成30年 9 月	国土交通省総合政策局国際政策課国際建設産業企画官
平成31年 4 月	国土交通省総合政策局国際政策課国際建設産業戦略官
令和 2 年 4 月	内閣府政策統括官（防災担当）付参事官（総括担当）付企画官
令和 3 年 5 月	総務省消防庁国民保護・防災部参事官

総務省消防庁消防大学校長
President of the Fire and Disaster
Management College

鶴 巻 郁 夫（つるまき　いくお）

昭和44年1月5日生．茨城県出身．
東京大学法学部

平成3年4月	自治省入省
平成23年7月	総務省消防庁国民保護・防災部防災課国民保護室長　併任 内閣官房内閣参事官（内閣官房副長官補付）
平成24年4月	千葉県総務部次長 兼 総合企画部次長 兼 防災危機管理部次長
平成25年4月	千葉県総合企画部長
平成28年4月	総務省大臣官房企画官　併任 大臣官房参事官　併任 自治財政局財政課復興特別交付税室長
平成29年1月	総務省大臣官房付　併任 内閣官房内閣参事官（内閣官房副長官補付）命 内閣官房特定複合観光施設区域整備推進本部設立準備室参事官（〜平成29年3月）命 内閣官房特定複合観光施設区域整備推進室参事官　併任 特定複合観光施設区域整備推進本部事務局参事官
令和元年7月	地域活性化センター事務局長
令和4年6月	総務省消防庁消防大学校長

消
防
庁

143

総務省消防庁消防大学校消防研究センター所長
Director of the National Research Institute of Fire
and Disaster

鈴　木　康　幸（すずき　やすゆき）

昭和37年1月31日生．千葉県出身．
東北大学工学部

昭和63年4月　自治省消防庁予防課　平成9年4月　自治省消防庁震災
対策指導室震災対策専門官 兼 課長補佐　平成11年4月　自治省消防庁防
災情報室課長補佐 兼 防災課課長補佐　平成13年1月　総務省消防庁防
災情報室課長補佐 併任 防災課長補佐　平成13年4月　京都市消防局
予防部指導課担当課長　平成14年4月　京都市消防局予防部担当部長
平成14年10月　総務省消防庁予防課設備専門官 併任 予防課課長補佐
平成18年1月　総務省消防庁予防課設備専門官 併任 予防課理事官
平成19年4月　危険物保安技術協会業務企画部長
平成19年7月　総務省消防庁予防課特殊災害室長
平成22年4月　総務省消防庁予防課危険物保安室長
平成27年4月　総務省消防庁予防課長
令和元年7月　総務省消防庁審議官
令和2年7月　総務省消防庁消防大学校消防研究センター所長

資格　一級建築士

防災拠点となる公共施設等の耐震率

施設区分	耐震率	施設区分	耐震率
社会福祉施設	91.2%	体育館	88.1%
文教施設（校舎・体育館）	99.2%	診療施設	93.9%
庁舎	88.2%	警察本部・警察署等（※）	88.1%
県民会館・公民館等	86.8%	消防本部・消防署所	93.9%
		合　計	95.1%

（※）機動隊庁舎、警察学校、交番等を含む。

●資　　　料

～本省・外局～

総務省（統計局、政策統括官を除く）・消防庁
　　〒100-8926　東京都千代田区霞が関2-1-2
　　　　　　　　（中央合同庁舎第2号館）
　　　　代表番号　(03)5253-5111

総務省統計局、政策統括官（統計基準担当）
　　〒162-8668　東京都新宿区若松町19-1
　　　　　　　代表　(03)5273-2020

総務省政策統括官（恩給担当）
　　〒162-8022　東京都新宿区若松町19-1
　　　　　　　代表　03(3202)1111

消防大学校
　　〒182-8508　東京都調布市深大寺東町4-35-3
　　　　　　　代表　0422(46)1711
　（消防研究センター　代表　0422(44)8331）

〔大臣官房〕			〔行政評価局〕		
秘　　　　書　課	(5253)	5069	総　　　務　　　課	(5253)	5411
総　　　務　課	(5253)	5085	企　　　画　　　課	(5253)	5470
管　　　理　室	(5253)	5181	政　策　評　価　課	(5253)	5427
会　　　計　課	(5253)	5124	行政相談企画課	(5253)	5419
厚生企画管理室	(5253)	5140	〔自治行政局〕		
庁　舎　管　理　室	(5253)	5147	行　　　政　　　課	(5253)	5509
企　　　画　課	(5253)	5155	住　民　制　度　課	(5253)	5517
政策評価広報課	(5253)	5164	外国人住民基本台帳室	(5253)	5397
広　　　報　室	(5253)	5172	市　町　村　課	(5253)	5516
〔行政管理局〕			行政経営支援室	(5253)	5519
企　画　調　整　課	(5253)	5307	地　域　政　策　課	(5253)	5523
調　査　法　制　課	(5253)	5353	地域情報政策室	(5253)	5525

資料

マイナポイント施策推進室	(5253)	5585
地 域 自 立 応 援 課	(5253)	5391
地 域 振 興 室	(5253)	5533
人材力活性化・連携交流室	(5253)	5394
過 疎 対 策 室	(5253)	5536
国 際 室	(5253)	5527
公 務 員 課	(5253)	5542
女性活躍・人材活用推進室	(5253)	5546
応 援 派 遣 室	(5253)	5230
給 与 能 率 推 進 室	(5253)	5549
福 利 課	(5253)	5558
安 全 厚 生 推 進 室	(5253)	5560
選 挙 課	(5253)	5566
管 理 課	(5253)	5573
政 治 資 金 課	(5253)	5578
収 支 公 開 室	(5253)	5580
支 出 情 報 開 示 室	(5253)	5398
政 党 助 成 室	(5253)	5582

〔自治財政局〕

財 政 課	(5253)	5612
調 整 課	(5253)	5618
交 付 税 課	(5253)	5623
地 方 債 課	(5253)	5628
公 営 企 業 課	(5253)	5634
公 営 企 業 経 営 室	(5253)	5638
準 公 営 企 業 室	(5253)	5642
財 務 調 査 課	(5253)	5647

〔自治税務局〕

企 画 課	(5253)	5658
都 道 府 県 税 課	(5253)	5663
市 町 村 税 課	(5253)	5669
固 定 資 産 税 課	(5253)	5674

資 産 評 価 室	(5253)	5679

〔国際戦略局〕

国 際 戦 略 課	(5253)	5957
技 術 政 策 課	(5253)	5724
研 究 推 進 室	(5253)	5730
通 信 規 格 課	(5253)	5763
標 準 化 戦 略 室	(5253)	5763
宇 宙 通 信 政 策 課	(5253)	5768
宇 宙 通 信 調 査 室	(5253)	5768
国 際 展 開 課	(5253)	5923
国 際 経 済 課	(5253)	5928
多 国 間 経 済 室	(5253)	5929
国 際 協 力 課	(5253)	5934
参 事 官 室	(5253)	5376

〔情報流通行政局〕

総 務 課	(5253)	5709
総 合 通 信 管 理 室	(5253)	5432
情 報 通 信 政 策 課	(5253)	5482
情 報 通 信 経 済 室	(5253)	5720
情 報 流 通 振 興 課	(5253)	5748
情報流通高度化推進室	(5253)	5751
情 報 活 用 支 援 室	(5253)	5685
デジタル企業行動室	(5253)	5857
コ ン テ ン ツ 振 興 課 (情報通信作品振興課)	(5253)	5739
放送コンテンツ海外流通推進室	(5253)	5739
地 域 通 信 振 興 課	(5253)	5756
デジタル経済推進室	(5253)	5757
放 送 政 策 課	(5253)	5777
放 送 技 術 課	(5253)	5784
地 上 放 送 課	(5253)	5791
衛 星・地 域 放 送 課	(5253)	5799

国 際 放 送 推 進 室 (5253) 5798
地 域 放 送 推 進 室 (5253) 5809
企　　画　　課 (5253) 5968
検 査 監 理 室 (5253) 5996
郵　　便　　課 (5253) 5975
国 際 企 画 室 (5253) 5972
貯 金 保 険 課 (5253) 5984
信 書 便 事 業 課 (5253) 5974

〔総合通信基盤局〕

総　　務　　課 (5253) 5825
事 業 政 策 課 (5253) 5835
料 金 サ ー ビ ス 課 (5253) 5842
デ ー タ 通 信 課 (5253) 5852
電 気 通 信 技 術
システム課 (5253) 5862
番 号 企 画 室 (5253) 5859
安全・信頼性対策室 (5253) 5858
消 費 者 行 政 第 一 課 (5253) 5488
消 費 者 行 政 第 二 課 (5253) 5847
電 波 政 策 課 (5253) 5873
国 際 周 波 数 政 策 室 (5253) 5878
電 波 利 用 料 企 画 室 (5253) 5880
基幹・衛星移動通信課 (5253) 5816
基 幹 通 信 室 (5253) 5886
重 要 無 線 室 (5253) 5888
移 動 通 信 課 (5253) 5893
電 波 環 境 課 (5253) 5905
監 視 管 理 室 (5253) 5911
電 気 通 信 消 費 者 相 談
セ ン タ ー (5253) 5900

〔サイバーセキュリティ統括官〕

サイバーセキュリティ統括官室 (5253) 5749

〔統計局〕

総　　務　　課 (5273) 1115
統 計 作 成 支 援 課 (5273) 1149
統 計 利 用 推 進 課 (5273) 1023
統計情報システム管理官 (5273) 1134
調 査 企 画 課 (5273) 1158
国 勢 統 計 課 (5273) 1151
経 済 統 計 課 (5273) 1165
消 費 統 計 課 (5273) 1171

〔政策統括官（統計制度担当）〕

統 計 企 画 管 理 官 室 (5273) 1143
統 計 審 査 官 室 (5273) 1146
国 際 統 計 管 理 官 室 (5273) 1145

〔政策統括官（恩給担当）〕

恩 給 管 理 官 室 (5273) 1306
恩 給 相 談 窓 口 (5273) 1400

〔事務局〕

行政不服審査会事務局 (5253) 5170
情報公開・個人情報
保護審査会事務局 (5501) 1724
官 民 競 争 入 札 等
監 理 委 員 会 事 務 局 (5501) 1878
電 気 通 信 紛 争
処 理 委 員 会 事 務 局 (5253) 5686

〔消防庁〕

総　　務　　課 (5253) 7521
消 防・救 急 課 (5253) 7522
救 急 企 画 室 (5253) 7529
予　　防　　課 (5253) 7523
消 防 技 術 政 策 室 (5253) 7541
危 険 物 保 安 室 (5253) 7524
特 殊 災 害 室 (5253) 7528

資

料

防　　災　　課 (5253) 7525	防 災 情 報 室 (5253) 7526
参　　事　　官 (5253) 7507	応 急 対 策 室 (5253) 7527
国 民 保 護 室 (5253) 7550	広 域 応 援 室 (5253) 7527
国 民 保 護 運 用 室 (5253) 7551	

～施設等機関～

（名　　称）	（住所・ＴＥＬ）
自 治 大 学 校	〒190－8581 東京都立川市緑町10番地の1
	042（540）4500
情報通信政策研究所	〒185－8795 東京都国分寺市泉町2－11－16
	042（320）5800
統 計 研 究 研 修 所	〒185－0024 東京都国分寺市泉町2－11－16
	042（320）5870
日本学術会議事務局	〒106－8555 東京都港区六本木7－22－34
	03（3403）3793

～所轄機関～

（名　　称）	（住所・ＴＥＬ）

〔地方管区行政評価局〕

北海道管区行政評価局	〒060－0808 北海道札幌市北区北8条西2丁目
	（札幌第1合同庁舎）
	011（709）2311
東北管区行政評価局	〒980－0014 宮城県仙台市青葉区本町
	3－2－23(仙台第2合同庁舎)
	022（262）7831
関東管区行政評価局	〒330－9717 埼玉県さいたま市中央区新都心
	1－1
	（さいたま新都心合同庁舎1号館）
	048（600）2300

中部管区行政評価局　〒460－0001　愛知県名古屋市中区三の丸

2－5－1

（名古屋合同庁舎第2号館）

052（972）7411

近畿管区行政評価局　〒540－8533　大阪府大阪市中央区大手前

4－1－67

（大阪合同庁舎第2号館）

06（6941）3431

中国四国管区行政評価局　〒730－0012　広島県広島市中区上八丁掘6－30

（広島合同庁舎第4号館）

082（228）6171

四国行政評価支局　〒760－0019　香川県高松市サンポート3番33号

（高松サンポート合同庁舎南館6階）

087（826）0671

九州管区行政評価局　〒812－0013　福岡県福岡市博多区博多駅東

2－11－1　　（福岡合同庁舎）

092（431）7081

沖縄行政評価事務所　〒900－0006　沖縄県那覇市おもろまち

2－1－1

（那覇第2地方合同庁舎1号館）

098（866）0145

〔地方総合通信局〕

北海道総合通信局　〒060－8795　北海道札幌市北区北8条西2丁目

1－1　（札幌第1合同庁舎）

011（709）2311

東北総合通信局　〒980－8795　宮城県仙台市青葉区本町

3－2－23　仙台第2合同庁

022（221）0604

資料

関 東 総 合 通 信 局　〒102−8795　東京都千代田区九段南１−２−１
九段第３合同庁舎
03（6238）1600

信 越 総 合 通 信 局　〒380−8795　長野県長野市旭町1108
長野第１合同庁舎
026（234）9963

北 陸 総 合 通 信 局　〒920−8795　石川県金沢市広坂２−２−60
金沢広坂合同庁舎
076（233）4412

東 海 総 合 通 信 局　〒461−8795　愛知県名古屋市東区白壁
１−15−１
（名古屋合同庁舎第３号館）
052（971）9105

近 畿 総 合 通 信 局　〒540−8795　大阪府大阪市中央区大手前
１−５−44
（大阪合同庁舎第１号館）
06（6942）8505

中 国 総 合 通 信 局　〒730−8795　広島県広島市中区東白島町19−36
082（222）3303

四 国 総 合 通 信 局　〒790−8795　愛媛県松山市味酒町２丁目14−４
089（936）5010

九 州 総 合 通 信 局　〒860−8795　熊本県熊本市西区春日２−10−１
096（326）7819

沖縄総合通信事務所　〒900−8795　沖縄県那覇市旭町１−９
カフーナ旭橋Ｂ街区５階
098（865）2300

総務省常設審議会

名　　　称	(庶務担当部局課・TEL・会長名)
地 方 財 政 審 議 会	自治財政局財政課
	03（5253）5611
会　　　　　　長	小西　砂千夫
行 政 不 服 審 査 会	行政不服審査会事務局
	03（5253）5170
会　　　　　　長	原　優
情報公開・個人情報保護審査会	情報公開・個人情報保護審査会事務局
	03（5501）1724
会　　　　　　長	小泉　博嗣
官民競争入札等監理委員会	官民競争入札等監理委員会事務局
	03（5501）1878
委　　員　　長	浅羽　隆史
独立行政法人評価制度委員会	行政管理局独立行政法人評価担当
	03（5253）5111
委　　員　　長	澤田　道隆
国 地 方 係 争 処 理 委 員 会	自治行政局行政課
	03（5253）5509
委　　員　　長	菊池　洋一
電気通信紛争処理委員会	電気通信紛争処理委員会事務局
	03（5253）5686
委　　員　　長	田村　幸一
電 波 監 理 審 議 会	総合通信基盤局総務課
	03（5253）5825
会　　　　　　長	日比野　隆司

資料

統 計 委 員 会	統計委員会担当室
	03 (5273) 2134
委　　員　　長	椿　広計

情 報 通 信 審 議 会	情報流通行政局総務課総合通信管理室
	03 (5253) 5432
会　　　　長	内山田　竹志

情報通信行政・郵政行政審議会	情報流通行政局総務課
	03 (5253) 5709
会　　　　長	川濱　昇

国立研究開発法人審議会	国際戦略局技術政策課
	03 (5253) 5724
会　　　　長	尾家　祐二

政治資金適正化委員会	政治資金適正化委員会事務局
	03 (5253) 5598
委　　員　　長	伊藤　鉄男

政 策 評 価 審 議 会	行政評価局企画課
	03 (5253) 5470
委　　員　　長	岡　素之

恩 給 審 査 会	政策統括官（恩給担当）
	03 (5273) 1304
会　　　　長	石黒　清子

消 防 審 議 会	消防庁総務課
	03 (5253) 7506
会　　　　長	田中　淳

総務省歴代大臣・幹部一覧

氏　　名	発令年月日	氏　　名	発令年月日
〔大　臣〕		岡　崎　浩　巳	25. 6. 28
片　山　虎之助	13. 1. 6	大　石　利　雄	26. 7. 22
（12. 12. 5～）		桜　井　　俊	27. 7. 31
麻　生　太　郎	15. 9. 22	佐　藤　文　俊	28. 6. 17
竹　中　平　蔵	17. 10. 31	安　田　　充	29. 7. 11
菅　　　義　偉	18. 9. 26	鈴　木　茂　樹	元. 7. 5
増　田　寛　也	19. 8. 27	黒　田　武一郎	元. 12. 20
鳩　山　邦　夫	20. 9. 24	山　下　哲　夫	4. 6. 28
佐　藤　　勉	21. 6. 12		
原　口　一　博	21. 9. 16	**〔総務審議官〕**	
片　山　善　博	22. 9. 17	天　野　定　功	13. 1. 6
川　端　達　夫	23. 9. 2	中　川　良　一	13. 1. 6
樽　床　伸　二	24. 10. 1	濱　田　弘　二	13. 1. 6
新　藤　義　孝	24. 12. 26	金　澤　　薫	13. 7. 6
高　市　早　苗	26. 9. 3	月　尾　嘉　男	14. 1. 8
野　田　聖　子	29. 8. 3	香　山　充　弘	14. 1. 8
石　田　真　敏	30. 10. 2	西　村　正　紀	14. 8. 2
高　市　早　苗	元. 9. 11	松　井　　浩	15. 1. 17
武　田　良　太	2. 9. 16	鍋　倉　真　一	15. 1. 17
金　子　恭　之	3. 10. 4	久　山　慎　一	16. 1. 6
寺　田　　稔	4. 8. 10	高　原　耕　三	16. 1. 6
		畠　中　誠二郎	17. 1. 11
〔事務次官〕		堀　江　正　弘	17. 8. 15
嶋　津　　昭	13. 1. 6	平　井　正　夫	17. 8. 15
金　澤　　薫	14. 1. 8	有　冨　寛一郎	17. 8. 15
西　村　正　紀	15. 1. 17	瀧　野　欣　彌	18. 7. 21
香　山　充　弘	16. 1. 16	清　水　英　雄	18. 7. 21
林　　　省　吾	17. 8. 15	戸　谷　好　秀	19. 7. 6
松　田　隆　利	18. 7. 21	鈴　木　康　雄	19. 7. 6
瀧　野　欣　彌	19. 7. 6	森　　　　清	19. 7. 6
鈴　木　康　雄	21. 7. 14	寺　﨑　　明	20. 7. 4
岡　本　　保	22. 1. 15	福　井　良　次	21. 7. 14
小笠原　倫　明	24. 9. 11	岡　本　　保	21. 7. 14

氏　　名	発令年月日	氏　　名	発令年月日
小笠原　倫　明	22. 1. 15	荒　木　慶　司	18. 7. 21
山　川　鉄　郎	22. 7. 27	田　中　順　一	19. 7. 6
村　木　裕　隆	23. 8. 26	大　石　利　雄	21. 7. 14
田　中　順　一	24. 9. 11	田　中　栄　一	22. 1. 15
大　石　利　雄	24. 9. 11	吉　良　裕　臣	22. 7. 27
田　中　栄　一	24. 9. 11	門　山　泰　明	24. 9. 11
桜　井　　俊	25. 6. 28	戸　塚　　誠	25. 6. 28
吉　崎　正　弘	25. 6. 28	福　岡　　徹	26. 7. 22
戸　塚　　誠	26. 7. 22	黒　田　武一郎	27. 7. 31
阪　本　泰　男	26. 7. 22	山　田　真貴子	28. 6. 17
笹　島　誉　行	27. 7. 31	林　崎　　理	29. 7. 11
佐　藤　文　俊	27. 7. 31	武　田　博　之	30. 8. 1
福　岡　　徹	28. 6. 17	横　田　真　二	元. 7. 5
鈴　木　茂　樹	28. 6. 17	原　　邦　彰	2. 7. 20
若　生　俊　彦	29. 7. 11	今　川　拓　郎	4. 6. 28
富　永　昌　彦	29. 7. 11		
渡　辺　克　也	30. 7. 20	〔大臣官房総括審議官〕	
長　屋　　聡	元. 7. 5	畠　中　誠二郎	13. 1. 6
黒　田　武一郎	元. 7. 5	林　　省　吾	13. 1. 6
山　田　真貴子	元. 7. 5	平　井　正　夫	14. 1. 8
谷　脇　康　彦	2. 7. 20	板　倉　敏　一	14. 1. 8
吉　田　眞　人	2. 7. 20	伊　藤　祐一郎	15. 1. 17
山　下　哲　夫	3. 7. 1	衞　藤　英　達	15. 11. 4
竹　内　芳　明	3. 7. 1	大　野　慎　一	16. 2. 19
佐々木　祐　二	3. 7. 1	荒　木　慶　司	16. 7. 2
内　藤　尚　志	4. 6. 28	熊　谷　　敏	17. 8. 15
吉　田　博　史	4. 6. 28	久　保　信　保	18. 7. 21
		山　川　鉄　郎	18. 7. 21
〔大臣官房長〕		岡　崎　浩　巳	19. 7. 10
團　　宏　明	13. 1. 6	桜　井　　俊	19. 7. 10
畠　中　誠二郎	14. 1. 8	田　中　栄　一	20. 7. 4
瀧　野　欣　彌	15. 1. 17	河　内　正　孝	20. 7. 4
平　井　正　夫	16. 1. 6	福　井　武　弘	21. 7. 14
森　　　清	17. 8. 15	田　中　栄　一	21. 7. 14

氏　　名	発令年月日
大　石　利　雄	22. 1. 15
久保田　誠　之	22. 7. 27
吉　崎　正　弘	23. 8. 15
田　口　尚　文	24. 9. 11
福　岡　　　徹	24. 9. 11
佐々木　敦　朗	25. 7. 1
鈴　木　茂　樹	25. 6. 28
武　井　俊　幸	25. 6. 28
安　田　　　充	26. 7. 22
今　林　顯　一	26. 7. 22
稲　山　博　司	27. 7. 31
安　藤　友　裕	27. 7. 31
富　永　昌　彦	27. 7. 31
長　尾　　　聡	28. 6. 17
武　田　博　之	28. 6. 17
宮　地　　　毅	29. 7. 11
吉　田　真　人	29. 7. 11
安　藤　英　作	30. 7. 20
山　崎　俊　巳	30. 8. 1
奈　良　俊　哉	元. 7. 5
秋　本　芳　徳	元. 7. 5
前　田　一　浩	元. 8. 3
吉　田　博　史	2. 7. 20
竹　村　晃　一	2. 7. 20
山　野　　　謙	3. 7. 1
鈴　木　信　也	3. 7. 1
山　越　伸　子	4. 6. 28

〔大臣官房技術総括審議官〕

田　中　征　治	13. 1. 6
石　原　秀　昭	13. 7. 6
鬼　頭　達　男	15. 8. 5
松　本　正　夫	17. 8. 15

氏　　名	発令年月日

〔大臣官房地域力創造審議官〕

椎　川　　　忍	20. 7. 4
門　山　泰　明	22. 7. 27
武　居　丈　二	24. 9. 11
関　　　博　之	25. 1. 23
原　田　淳　志	26. 7. 22
時　澤　　　忠	28. 6. 17
池　田　憲　治	29. 7. 11
佐々木　　　浩	30. 7. 20
境　　　　　勉	元. 7. 5
大　村　慎　一	2. 7. 20
馬　場　竹次郎	3. 7. 1
大　村　慎　一	4. 6. 28

〔政策立案総括審議官〕

横　田　信　孝	30. 7. 20
吉　開　正治郎	元. 7. 5
阪　本　克　彦	2. 7. 20
武　藤　真　郷	4. 8. 19

〔政策統括官〕

西　村　正　紀	13. 1. 6
(併：内閣官房行政改革推進事務局長)	
高　原　耕　三 (情報通信担当)	
	13. 1. 6
清　水　英　雄 (情報通信担当)	
	15. 1. 17
稲　村　公　望 (情報通信担当)	
	13. 7. 6
大　野　慎　一	14. 4. 1
(電子政府・電子自治体等担当)	
藤　井　昭　夫	16. 1. 6
(電子政府・電子自治体担当)	

資料

氏　　名	発令年月日
鈴　木　康　雄（情報通信担当）	16. 1. 6
久布白　　　寛	17. 1. 11
（電子政府・電子自治体等担当）	
清　水　英　雄（情報通信担当）	17. 5. 17
寺　﨑　　　明（情報通信担当）	18. 8. 21
中　田　　　睦（情報通信担当）	19. 7. 6
戸　塚　　　誠（情報通信担当）	20. 7. 4
原　　　正　之	21. 7. 14
佐　藤　文　俊（情報通信担当）	23. 7. 15
阪　本　泰　男（情報通信担当）	24. 9. 11
吉　田　　　靖（情報通信担当）	25. 6. 28
南　　　後　行（情報通信担当）	26. 7. 22
今　林　顯　一（情報通信担当）	28. 6. 17
谷　脇　康　彦（情報セキュリティ担当）	29. 7. 11

〔人事・恩給局長〕

氏　　名	発令年月日
大　坪　正　彦	13. 1. 6
久　山　慎　一	14. 1. 8
戸　谷　好　秀	16. 1. 6
藤　井　昭　夫	19. 7. 6
村　木　裕　隆	20. 7. 4
田　中　順　一	23. 8. 26
笹　島　誉　行	24. 9. 11

氏　　名	発令年月日
（26. 5. 30　廃止）	

〔行政管理局長〕

氏　　名	発令年月日
坂　野　泰　治	13. 1. 6
松　田　隆　利	14. 1. 8
畠　中　誠二郎	16. 7. 2
藤　井　昭　夫	17. 1. 11
石　田　直　裕	18. 7. 21
村　木　裕　隆	19. 7. 6
橋　口　典　央	20. 7. 4
戸　塚　　　誠	21. 7. 14
若　生　俊　彦	25. 6. 28
上　村　　　進	26. 4. 22
山　下　哲　夫	28. 6. 17
堀　江　宏　之	30. 7. 20
三　宅　俊　光	元. 7. 5
横　田　信　孝	2. 7. 20
白　岩　　　俊	3. 7. 1
稲　山　文　男	4. 6. 28

〔行政評価局長〕

氏　　名	発令年月日
塚　本　壽　雄	13. 1. 6
田　村　政　志	15. 1. 17
福　井　良　次	17. 8. 15
熊　谷　　　敏	18. 7. 21
関　　　有　一	19. 7. 6
田　中　順　一	21. 7. 14
新　井　英　男	23. 8. 26
宮　島　守　男	24. 9. 11
渡　会　　　修	25. 6. 28
新　井　　　豊	27. 1. 16
讃　岐　　　建	28. 6. 17
白　岩　　　俊	元. 7. 5
清　水　正　博	3. 7. 1

氏　　名	発令年月日
〔自治行政局長〕	
芳　山　達　郎	13．1．6
畠　中　誠二郎	15．1．17
武　智　健　二	16．7．2
髙　部　正　男	17．8．15
藤　井　昭　夫	18．7．21
岡　本　　　保	19．7．6
久　元　喜　造	20．7．4
望　月　達　史	24．9．11
門　山　泰　明	25．6．28
佐々木　敦　朗	26．7．22
渕　上　俊　則	27．7．31
安　田　　　充	28．6．17
山　﨑　重　孝	29．7．13
北　崎　秀　一	30．8．1
髙　原　　　剛	元．7．5
吉　川　浩　民	3．7．1
〔自治財政局長〕	
香　山　充　弘	13．1．6
林　　　省　吾	14．1．8
瀧　野　欣　彌	16．1．6
岡　本　　　保	18．7．21
久　保　信　保	19．7．6
椎　川　　　忍	22．7．27
佐　藤　文　俊	24．9．11
安　田　　　充	27．7．31
黒　田　武一郎	28．6．17
林　﨑　　　理	30．8．1
内　藤　尚　志	元．7．5
前　田　一　浩	3．7．1
原　　　邦　彰	4．6．28

氏　　名	発令年月日
〔自治税務局長〕	
石　井　隆　一	13．1．6
瀧　野　欣　彌	14．1．8
板　倉　敏　和	15．1．17
小　室　裕　一	17．8．15
河　野　　　栄	18．7．21
岡　崎　浩　巳	21．7．14
株　丹　達　也	24．9．11
米　田　耕一郎	25．8．2
平　嶋　彰　英	26．7．22
青　木　信　之	27．7．31
林　﨑　　　理	28．6．30
内　藤　尚　志	29．7．11
開　出　英　之	元．7．5
稲　岡　伸　哉	2．7．20
川　窪　俊　広	4．6．28
〔情報通信国際戦略局長〕	
小笠原　倫　明	20．7．4
利根川　　　一	22．1．15
桜　井　　　俊	24．9．11
阪　本　泰　男	25．6．28
鈴　木　茂　樹	26．7．22
山　田　真貴子	27．7．31
谷　脇　康　彦	28．6．17
（29．9．1　改組）	
〔国際戦略局長〕	
今　林　顯　一	29．7．11
吉　田　眞　人	30．7．20
巻　口　英　司	元．7．5
田　原　康　生	3．7．1

資
料

氏　　名	発令年月日	氏　　名	発令年月日
〔情報流通行政局長〕		富　永　昌　彦	28. 6. 17
山　川　鉄　郎	20. 7. 4	渡　辺　克　也	29. 7. 11
田　中　栄　一	22. 7. 27	谷　脇　康　彦	30. 7. 20
吉　崎　正　弘	24. 9. 11	竹　内　芳　明	2. 7. 20
福　岡　　徹	25. 6. 28	二　宮　清　治	3. 7. 1
安　藤　友　裕	26. 7. 22	竹　村　晃　一	4. 6. 28
今　林　顯　一	27. 7. 31		
南　　俊　行	28. 6. 17	〔郵政企画管理局長〕	
山　田　真貴子	29. 7. 11	松　井　　浩	13. 1. 6
吉　田　真　人	元. 7. 5	團　　宏　明	14. 1. 8
秋　本　芳　徳	2. 7. 20	野　村　　卓	15. 1. 17
吉　田　博　史	3. 2. 20	（15. 3. 31　廃止）	
小笠原　陽　一	4. 6. 28		
		〔郵政行政局長〕	
〔情報通信政策局長〕		野　村　　卓	15. 4. 1
鍋　倉　眞　一	13. 1. 6	清　水　英　雄	16. 1. 6
高　原　耕　三	13. 7. 6	鈴　木　康　雄	17. 5. 17
武　智　健　二	16. 1. 6	須　田　和　博	18. 7. 21
堀　江　正　弘	16. 7. 2	橋　口　典　央	19. 7. 6
竹　田　義　行	17. 8. 15	（20. 7. 4　改組）	
鈴　木　康　雄	18. 7. 21		
小笠原　倫　明	19. 7. 6	〔統計局長〕	
（20. 7. 4　改組）		久　山　慎　一	13. 1. 6
		大　戸　隆　信	14. 1. 8
〔総合通信基盤局長〕		大　林　千　一	16. 1. 6
金　澤　　薫	13. 1. 6	衞　藤　英　達	17. 8. 15
鍋　倉　眞　一	13. 7. 6	川　崎　　茂	19. 1. 5
有　冨　寛一郎	15. 1. 17	福　井　武　弘	23. 8. 15
須　田　和　博	17. 8. 15	須　江　雅　彦	24. 9. 11
森　　　清	18. 7. 21	井　波　哲　尚	26. 7. 22
寺　﨑　　明	19. 7. 6	會　田　雅　人	27. 7. 31
桜　井　　俊	20. 7. 4	千　野　雅　人	29. 7. 11
吉　良　裕　臣	24. 9. 11	佐　伯　修　司	元. 7. 5
福　岡　　徹	27. 7. 31	井　上　　卓	3. 7. 1

氏　　　名	発令年月日	氏　　　名	発令年月日
〔政策統括官(統計基準担当)〕		**〔消防庁長官〕**	
久布白　　寛	17. 8. 15	中　川　浩　明	13. 1. 6
貝　沼　孝　二	19. 7. 6	石　井　隆　一	14. 1. 8
中　田　　睦	20. 7. 4	林　　省　吾	16. 1. 6
池　川　博　士	21. 7. 14	板　倉　敏　和	17. 8. 15
伊　藤　孝　雄	23. 8. 15	髙　部　正　男	18. 7. 21
平　山　　眞	24. 9. 11	荒　木　慶　司	19. 7. 6
		岡　本　　保	20. 7. 4
〔政策統括官（統計基準、		河　野　　栄	21. 7. 14
**　　　　　　恩給担当)〕**		久　保　信　保	22. 7. 27
平　山　　眞	26. 5. 30	岡　崎　浩　巳	24. 9. 11
田　家　　修	26. 7. 22	大　石　利　雄	25. 6. 28
新　井　　豊	28. 6. 17	坂　本　森　男	26. 7. 22
三　宅　俊　光	29. 7. 11	佐々木　敦　朗	27. 7. 31
吉　開　正治郎	2. 7. 20	青　木　信　之	28. 6. 30
		稲　山　博　司	29. 7. 11
〔政策統括官（統計制度、		黒　田　武一郎	30. 7. 20
**　　　　　　恩給担当)〕**		林　崎　　理	元. 7. 5
吉　開　正治郎	3. 7. 1	横　田　真　二	2. 7. 20
阪　本　克　彦	4. 8. 19	内　藤　尚　志	3. 7. 1
		前　田　一　浩	4. 6. 28
〔公正取引委員会委員長〕			
根　來　泰　周	8. 8. 28	**〔郵政公社統括官〕**	
竹　島　一　彦	14. 7. 31	野　村　　卓	13. 1. 6
（15. 4. 9　内閣府へ移行）		（15. 3. 31　廃止）	
〔公害等調整委員会委員長〕		**〔郵政事業庁長官〕**	
川　嵜　義　徳	9. 7. 1	足　立　盛二郎	13. 1. 6
加　藤　和　夫	14. 7. 1	松　井　　浩	14. 1. 8
大　内　捷　司	19. 7. 1	團　　宏　明	15. 1. 17
富　越　和　厚	24. 7. 1	（15. 3. 31　廃止）	
荒　井　　勉	29. 7. 1		
永　野　厚　郎	4. 7. 1		

資料

総務省組織概要図

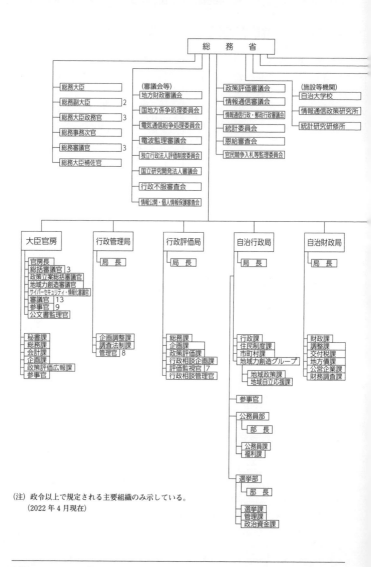

総務省

- 総務大臣
- 総務副大臣　2
- 総務大臣政務官　3
- 総務事務次官
- 総務審議官　3
- 総務大臣補佐官

（審議会等）
- 地方財政審議会
- 国地方係争処理委員会
- 電気通信紛争処理委員会
- 電波監理審議会
- 独立行政法人評価制度委員会
- 国立研究開発法人審議会
- 行政不服審査会
- 情報公開・個人情報保護審査会

- 政策評価審議会
- 情報通信審議会
- 情報通信行政・郵政行政審議会
- 統計委員会
- 恩給審査会
- 官民競争入札等監理委員会

（施設等機関）
- 自治大学校
- 情報通信政策研究所
- 統計研究研修所

大臣官房
- 官房長
- 総括審議官　3
- 政策立案総括審議官
- 地域力創造審議官
- サイバーセキュリティ・情報化審議官
- 審議官　13
- 参事官　9
- 公文書監理官

- 秘書課
- 総務課
- 会計課
- 企画課
- 政策評価広報課
- 参事官

行政管理局
- 局　長

- 企画調整課
- 調査法制課
- 管理官　8

行政評価局
- 局　長

- 総務課
- 企画課
- 政策評価課
- 行政相談企画課
- 評価監視官　7
- 行政相談管理官

自治行政局
- 局　長

- 行政課
- 住民制度課
- 市町村課
- 地域力創造グループ
  - 地域政策課
  - 地域自立応援課

- 参事官

- 公務員部
  - 部　長
  - 公務員課
  - 福利課

- 選挙部
  - 部　長
  - 選挙課
  - 管理課
  - 政治資金課

自治財政局
- 局　長

- 財政課
- 調整課
- 交付税課
- 地方債課
- 公営企業課
- 財務調査課

（注）政令以上で規定される主要組織のみ示している。
　　　（2022 年 4 月現在）

162

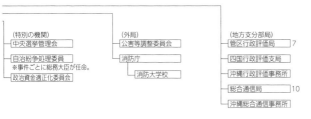

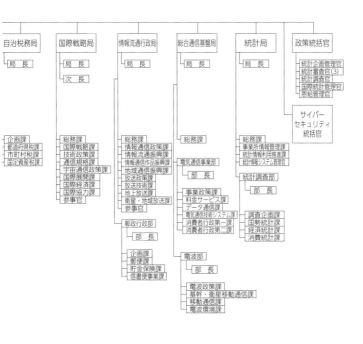

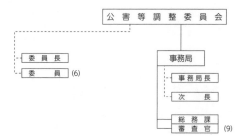

(注) 政令職以上の主要組織のみを示しており、順不同である。

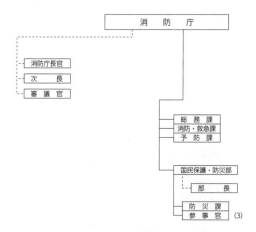

(注1) 政令職以上の主要組織のみを示しており、順不同である。
(注2) 審議会等は除いている。

出身都道府県別幹部一覧

北海道

豊嶋 基暢
総合通信基盤局電波部長

青森県

長嶺 行信
統計審査官（政策統括官付）併任 統
計改革実行推進室参事官（政策統括官
付）

岩手県

大沢 博
自治行政局公務員部長

秋田県

佐藤 紀明
行政管理局企画調整課長

村上 聡
電波監理審議会審理官

山形県

片桐 広逸
電気通信紛争処理委員会事務局参事官

福島県

渡邉 浩之
行政評価局行政相談企画課長

志田 文毅
政治資金適正化委員会事務局長

茨城県

柴沼 雄一朗
行政評価局評価監視官（連携調査、環
境等担当）

菊地 健太郎
自治財政局公営企業課長

鶴巻 郁夫
消防庁消防大学校長

栃木県

植山 克郎
大臣官房審議官（行政評価局担当）併
任 情報公開・個人情報保護審査会事
務局長

群馬県

砂山 裕
大臣官房審議官（行政評価局担当）

赤岩 弘智
自治財政局交付税課長

栗原 直樹
統計調整官（政策統括官付）併任 統
計委員会担当室次長（政策統括官付）

埼玉県

島田 勝則
大臣官房参事官 併任 企画課政策室長

辻 恭介
行政管理局管理官（厚生労働・宮内
等）

田中 聖也
自治行政局行政課長

市川 靖之
自治税務局固定資産税課長

飯村 博之
総合通信基盤局電気通信事業部事業政
策課長

牛島 授公
中部管区行政評価局長

川島 司
中国四国管区行政評価局長

千葉県

鈴 木 信 也
大臣官房総括審議官（情報通信担当）

君 塚 明 宏
大臣官房広報室長

小 谷 克 志
自治行政局地域自立応援課長 併任 内閣府地方創生推進事務局参事官（地域再生担当）

山 口 最 丈
自治税務局企画課長

田 原 康 生
国際戦略局長

田 邊 光 男
情報流通行政局情報流通振興課長

松 井 正 幸
情報流通行政局地上放送課長

堀 内 隆 広
総合通信基盤局電波部電波環境課長

小 松 聖
統計局統計調査部国勢統計課長

中 村 英 昭
統計局統計調査部経済統計課長 併任 事業所情報管理課長 併任 統計調査部経済統計課経済センサス室長

花 井 光
四国行政評価支局長

栁 島 智
東北総合通信局長

鈴 木 康 幸
消防庁消防大学校消防研究センター所長

東京都

山 下 哲 夫
総務事務次官

吉 田 博 史
総務審議官（国際）

山 越 伸 子
大臣官房総括審議官（新型コロナウイルス感染症対策、政策企画（主）担当）

赤 阪 晋 介
大臣官房会計課長 併：予算執行調査室長

原 嶋 清 次
大臣官房政策評価広報課長 併任 政策立案支援室長

越 尾 淳
行政管理局管理官（内閣（復興庁を除く）・内閣府本府・個人情報保護委員会・金融・こども家庭・総務・公調委・財務）

大 森 一 顕
国際戦略局国際戦略課長

小 川 裕 之
国際戦略局宇宙通信政策課長

海 野 敦 史
国際戦略局国際展開課長 併任 国際戦略局国際戦略課国際電気通信連合全権委員会議対策室員

小笠原 陽 一
情報流通行政局長

植 村 哲
大臣官房審議官（情報流通行政局担当）

林 弘 郷
情報流通行政局総務課長

高 村 信
情報流通行政局参事官

廣 瀬 照 隆
総合通信基盤局電気通信事業部消費者行政第一課長

荻 原 直 彦
総合通信基盤局電波部電波政策課長

阪 本 克 彦
政策統括官（統計制度担当）（恩給担当）命 統計改革実行推進室長

北 原 　 久
　大臣官房審議官（統計局、統計制度、
　統計情報戦略推進、恩給担当）命 統
　計改革実行推進室次長

小 川 久仁子
　サイバーセキュリティ統括官付参事官
　（総括担当）

長 瀬 正 明
　官民競争入札等監理委員会事務局参事
　官 併任 行政管理局公共サービス改革
　推進室参事官

高 地 圭 輔
　大臣官房サイバーセキュリティ・情報
　化審議官 併任 電気通信紛争処理委員
　会事務局長

永 島 勝 利
　統計研究研修所長

栗 田 奈央子
　東北管区行政評価局長

新 井 孝 雄
　関東総合通信局長

塩 崎 充 博
　信越総合通信局長

井 上 知 義
　近畿総合通信局長

西 岡 邦 彦
　四国総合通信局長

荒 竹 宏 之
　消防庁消防・救急課長

田 辺 康 彦
　消防庁国民保護・防災部長

神奈川県

柴 山 佳 徳
　大臣官房参事官（秘書課担当）

玉 置 　 賢
　行政評価局評価監視官（法務、外務、
　経済産業等担当）

櫻 井 秀 和
　行政評価局評価監視官（農林水産、防
　衛担当）

足 達 雅 英
　大臣官房審議官（新型コロナウイルス
　感染症対策・デジタル化推進等地方連
　携推進、地域振興担当）

笹 野 　 健
　自治行政局公務員部福利課長

原 　 邦 彰
　自治財政局長

近 藤 貴 幸
　自治財政局調整課長

川 野 真 稔
　国際戦略局技術政策課長

井 田 俊 輔
　情報流通行政局情報通信作品振興課長

片 桐 義 博
　総合通信基盤局電気通信事業部料金サ
　ービス課長

西 潟 暢 央
　総合通信基盤局電気通信事業部データ
　通信課長

山 口 真 吾
　総合通信基盤局電気通信事業部電気通
　信技術システム課長

中 村 裕 治
　総合通信基盤局電波部移動通信課長

谷 輪 浩 二
　行政不服審査会事務局総務課長

滝 川 伸 輔
　自治大学校長

新潟県

河 合 　 暁
　大臣官房審議官（大臣官房調整部門、
　行政管理局担当）併任 行政不服審査
　会事務局長

吉 川 浩 民
　自治行政局長

資
料

北 神 　 裕
国際戦略局国際経済課長

横 田 直 木
統計局統計情報システム管理官 併任
独立行政法人統計センター統計技術・
提供部長

富山県

方 　 健 児
行政管理局管理官（独法評価総括）

清 水 久 子
政治資金適正化委員会事務局参事官

石川県

寺 村 行 生
国際戦略局国際協力課長

福井県

門 前 浩 司
消防庁総務課長

長野県

内 藤 尚 志
総務審議官（自治行政）

稲 山 文 男
行政管理局長

平 沢 克 俊
行政管理局管理官（文科・農水・防
衛・公取委等）

岐阜県

藤 井 信 英
情報流通行政局郵政行政部信書便事業
課長

澤 田 史 朗
消防庁次長

静岡県

今 川 拓 郎
大臣官房長

髙 橋 喜 義
行政評価局行政相談管理官

大 村 慎 一
新型コロナ対策地方連携総括官 併任
大臣官房地域力創造審議官

中 野 祐 介
自治税務局都道府県税課長

愛知県

山 本 宏 樹
行政評価局評価監視官（財務、文部科
学等担当）

森 　 源 二
自治行政局選挙部長

山 碕 良 志
大臣官房審議官（情報流通行政局担
当）

三重県

黒 田 忠 司
大臣官房参事官 併任 総務課公文書監
理室長

小 森 敏 也
関東管区行政評価局長

髙 田 義 久
九州管区行政評価局長

滋賀県

若 林 伸 佳
行政管理局管理官（国土交通・復興・
カジノ管理委員会等）

寺 田 雅 一
自治行政局住民制度課長

田 口 幸 信
　総合通信基盤局電波部基幹・衛星移動
　通信課長

京都府

中 井 　 亨
　大臣官房秘書課長 命 人事管理官

大 槻 大 輔
　行政評価局総務課長

田 中 昇 治
　自治行政局市町村課長

野 村 謙一郎
　自治行政局公務員部公務員課長

内 藤 茂 雄
　大臣官房審議官（国際技術、サイバー
　セキュリティ担当）

松 田 昇 剛
　情報流通行政局郵政行政部企画課長

内 山 昌 也
　統計審査官（政策統括官付）

酒 井 雅 之
　サイバーセキュリティ統括官付参事官
　（政策担当）

井 幡 晃 三
　情報通信政策研究所長

大阪府

風 早 正 毅
　大臣官房参事官（秘書課担当）

清 田 浩 史
　自治行政局選挙部管理課長

池 田 達 雄
　大臣官房審議官（税務担当）

植 田 昌 也
　自治税務局市町村税課長

小野寺 　 修
　国際戦略局次長

飯 倉 主 税
　情報流通行政局放送政策課長

安 東 高 徳
　情報流通行政局衛星・地域放送課長

木 村 公 彦
　総合通信基盤局電気通信事業部長

井 上 　 卓
　統計局長

磯 　 寿 生
　北海道総合通信局長

北 林 大 昌
　東海総合通信局長

兵庫県

竹 村 晃 一
　総合通信基盤局長

山 内 智 生
　サイバーセキュリティ統括官

河 内 達 哉
　北海道管区行政評価局長

奈良県

加 藤 　 剛
　大臣官房参事官 併任 総務課管理室長

辻 　 寛 起
　行政評価局企画課長

馬 場 　 健
　大臣官房審議官（公営企業担当）

平 木 　 省
　自治財政局財務調査課長

大 野 　 卓
　情報公開・個人情報保護審査会事務局
　総務課長

鳥取県

平 池 栄 一
　大臣官房審議官（行政評価局担当）併任 財務省大臣官房審議官（大臣官房担当）

三 橋 一 彦
　大臣官房審議官（地方行政・個人番号制度、地方公務員制度、選挙担当）

島根県

神 門 純 一
　自治財政局地方債課長

稲 垣 好 展
　統計企画管理官（政策統括官付）併任 統計改革実行推進室参事官（政策統括官付）併任 統計作成プロセス改善推進室長（政策統括官付）

村 川 奏 支
　消防庁国民保護・防災部参事官

岡山県

麻 山 晃 邦
　行政評価局評価監視官（内閣、総務等担当）

山 路 栄 作
　情報流通行政局情報通信政策課長

山 形 成 彦
　統計審査官（政策統括官付）併任 統計改革実行推進室参事官（政策統括官付）

広島県

福 田 　 毅
　大臣官房総務課長

徳 満 純 一
　行政評価局評価監視官（復興、国土交通担当）

西 中 　 隆
　自治行政局地域政策課長

菱 田 光 洋
　国際戦略局参事官

上 田 　 聖
　統計局統計情報利用推進課長 併任 統計作成プロセス改善推進室次長（政策統括官付）併任 統計委員会担当室次長（政策統括官付）

平 野 真 哉
　近畿管区行政評価局長

前 田 一 浩
　消防庁長官

香川県

竹 内 芳 明
　総務審議官（郵政・通信）

大 西 一 禎
　大臣官房参事官

川 窪 俊 広
　自治税務局長

野 崎 雅 稔
　九州総合通信局長

愛媛県

新 田 一 郎
　自治財政局財政課長

佐 伯 修 司
　統計局統計高度利用特別研究官

高知県

澤 田 稔 一
　行政管理局業務改革特別研究官

福岡県

清 水 正 博
　行政評価局長

高 角 健 志
　行政評価局政策評価課長

白 石 暢 彦
　消防庁予防課長

佐賀県

鈴 木 建 一
　消防庁審議官

長崎県

北 村 朋 生
　自治行政局選挙部政治資金課長

岩 佐 哲 也
　統計局統計調査部長

柿 原 謙一郎
　恩給管理官（政策統括官付）併任 統
　計改革実行推進室参事官（政策統括官
　付）

熊本県

武 藤 真 郷
　大臣官房政策立案総括審議官 併任 公
　文書監理官

長谷川　　孝
　自治行政局参事官

阿 向 泰二郎
　統計局総務課長

重 里 佳 宏
　統計局統計調査部調査企画課長 併任
　統計改革実行推進室参事官（政策統括
　官付）

田 村 彰 浩
　統計局統計調査部消費統計課長

大分県

安 仲 陽 一
　行政評価局評価監視官（厚生労働等担
　当）

笠 置 隆 範
　自治行政局選挙部選挙課長

井 上　　淳
　総合通信基盤局電気通信事業部消費者
　行政第二課長

宮崎県

山 野　　謙
　大臣官房総括審議官（選挙制度、政策
　企画（副）担当）

沖縄県

神 里　　豊
　沖縄行政評価事務所長

資
料

人 名 索 引

総務省名鑑－2023年版

令和4年10月26日 初版発行　　定価（本体3,300円＋税）

| 編著者 | 米　盛　康　正 |

発行所　　　　株式会社　時　評　社

郵便番号　　　　　　100-0013
東京都千代田区霞が関3－4－2
商工会館・弁理士会館ビル6F
電話　（03）3580－6633
振替口座 00100-2-23116

©時評社 2022

印刷・製本 株式会社 太平印刷社　　落丁・乱丁本はお取り換えいたします

ISBN978-4-88339-300-8 C2300 ¥3300E